从创业到IPO的股权融资一本通

黄昶凯 ◎ 著

中国经济出版社
CHINA ECONOMIC PUBLISHING HOUSE

北京

图书在版编目（CIP）数据

从创业到 IPO 的股权融资一本通/黄昶凯著．
北京：中国经济出版社，2018.7
ISBN 978-7-5136-5123-3

Ⅰ.①从… Ⅱ.①黄… Ⅲ.①上市公司—企业融资—研究—中国 Ⅳ.①F279.23

中国版本图书馆 CIP 数据核字（2018）第 050504 号

责任编辑　牛慧珍
责任印制　马小宾
封面设计　任燕飞

出版发行	中国经济出版社
印 刷 者	北京力信诚印刷有限公司
经 销 者	各地新华书店
开　　本	710mm×1000mm　1/16
印　　张	13.75
字　　数	180 千字
版　　次	2018 年 7 月第 1 版
印　　次	2018 年 7 月第 1 次
定　　价	58.00 元

广告经营许可证　京西工商广字第 8179 号

中国经济出版社　网址 www.economyph.com 社址 北京市西城区百万庄北街 3 号 邮编 100037
本版图书如存在印装质量问题，请与本社发行中心联系调换（联系电话：010-68330607）

版权所有　盗版必究（举报电话：010-68355416　010-68319282）
国家版权局反盗版举报中心（举报电话：12390）　　服务热线：010-88386794

近几年,在"大众创业、万众创新"的浪潮席卷下,越来越多的时代弄潮儿加入创业大军,在各行业掀起了一场前所未有的颠覆性变革,涌现出了饿了么、滴滴出行等一系列创新业态。跨界融合渐成主流,各行业的市场竞争越发激烈、残酷。在惊心动魄的商海博弈中,资金无疑是决定企业能否取得成功的核心战略资源,而股权融资又是企业获取资金的一大重要渠道。

股权融资贯穿于企业的整个生命周期,从企业初创到成长期,从成长期再到成熟期等,都可能会涉及股权融资。股权融资对企业的价值并不仅限于资金方面,它能够提高企业的知名度和影响力,帮助企业整合更多的优质资源;类似高盛、摩根士丹利等知名金融服务机构还能为融资企业的战略决策提供专业指导;企业成功实施股权融资后,意味着企业的价值创造能力得到了投资方的认可,从而对组织成员产生激励效果。

但成功进行股权融资绝非是一件简单的事情,所属行业、顾客需求、市场环境、发展阶段、战略目标、组织架构、投资方利益诉求等诸多影响因素的存在,使企业不能直接照搬现有的融资模式,必须根据实际情况制定个性化的股权融资方案。与此同时,股权融资流程复杂,包

含多个环节，往往同时涉及多个利益主体，这使股权融资难度进一步加大。

在经营管理过程中，有相当数量的企业管理者由于对股权融资缺乏足够的认识，而掉入了各种融资陷阱，不但没能给企业带来稳定的现金流，还造成了不可挽回的重大财产损失，甚至导致企业核心管理层丧失控制权。

不计其数的股权融资失败案例，让很多企业管理者对股权融资产生了恐惧心理，融资决策时畏首畏尾，丧失了很多转瞬即逝的重大发展机遇。还有部分企业管理者为了降低股权融资风险，同时和多家第三方融资机构合作，虽然最终成功融资，但融资成本非常高。那么，在股权融资困境面前，我们真的束手无策了吗？

答案当然是否定的，股权融资确实是一项庞大而复杂的系统工程，但如果企业管理者对其有足够的认识，学习一些专业知识与技巧，了解其整个流程，低成本、高质量地完成股权融资就成为一件水到渠成的事情。笔者在参加各类创投会议的过程中，通过和业内同仁交流发现，很多企业尤其是那些善于创新、灵活多变的初创企业经过专业的指导后，实施股权融资时少走了很多弯路。

作为一名创投领域的研究者及股权融资实践者，笔者在对多年的思考与研究进行深入总结，并结合自身的实践经验及诸多股权融资案例的基础上，创作了《从创业到IPO的股权融资一本通》一书，希望能够为投融资机构、初创企业、中小企业、上市企业提供一些启示与帮助。

本书共包含股权创业篇、股权融资篇、股权激励篇、股权并购篇、IPO融资篇五大部分，对处于初创阶段、成长阶段、成熟阶段的企业股权融资进行了深入浅出的剖析，力图使陷入各种股权融资困境的企业管理者都能找到适合自身的股权融资落地方案。考虑到股权融资的复杂性，本书对企业管理者尤为关注的以下一系列要点进行了全方位解读：

创业者应该如何搭建牢固的创业团队？

初创企业如何设置股权架构？

初创企业的股权分配应该遵循哪些原则？

有哪些可供国内企业选择的股权融资路径？

如何在股权融资时对企业进行精准估值？

如何正确理解私募股权融资中的对赌协议？

如何进行股权众筹风险控制？

如何撰写出一份优秀的股权融资商业计划书？

企业如何通过股权激励留住优秀人才？

股权并购有着怎样的融资模式与操作流程？

怎样防范股权并购中的潜在风险？

上市公司应该采取怎样的并购战略？

企业上市前应该进行哪些资本运作？

企业 IPO 上市时应该关注哪些要点？

目录 contents

Part 1 股权创业篇

第1章 搭班子：构建稳定的创业团队

- 创始人如何进行自我定位 ········· 3
- 创始人如何选择创业合伙人 ········· 5
- 3C原则：团队构建的三个要素 ········· 7
- 创业团队如何管理与控制风险 ········· 10

第2章 初创企业股权架构的设计方法

- 根据创业合伙人的贡献估值 ········· 14
- 根据创业合伙人的资源估值 ········· 16
- 股权结构的分配与设计方法 ········· 20
- 初创企业股权规划实操攻略 ········· 23
- 创业融资股权稀释操作方法 ········· 26
- 创业合伙人的股权退出机制 ········· 30

第 3 章　初创公司股权分配的核心原则

原则 1：人才核心与资本核心 ·············· 34

原则 2：最大责任者一股独大 ·············· 36

原则 3：杜绝平均分配的陷阱 ·············· 37

原则 4：股份绑定，分期兑现 ·············· 39

原则 5：牢牢把握公司控制权 ·············· 41

原则 6：股权分配的注意事项 ·············· 43

Part 2

股权融资篇

第 4 章　我国企业股权融资的路径选择

路径 1：股权质押融资 ·············· 47

路径 2：股权交易增值融资 ·············· 49

路径 3：股权增资扩股融资 ·············· 50

路径 4：私募股权融资 ·············· 52

第 5 章　企业融资的估值模型与实战方法

模型 1：P/E 估值法 ·············· 54

模型 2：P/B 估值法 ·············· 56

模型 3：P/S 估值法 ·············· 57

模型 4：PEG 估值法 ·············· 58

模型 5：EV/Sales 估值法 ·············· 59

模型 6：EV/EBITDA 估值法 ·············· 60

其他的融资估值模型与方法 ·············· 62

巴菲特如何给企业估值 ·············· 64

第6章 私募股权融资中的对赌协议解读

对赌协议：私募股权融资中的"双刃剑" ······ 70
对赌协议在企业融资中的积极作用 ······ 72
对赌协议在企业融资中的消极作用 ······ 74
融资中对赌协议的应对策略及建议 ······ 76

第7章 股权众筹实战操作与风险控制

互联网众筹模式的主要类型 ······ 79
"领投+跟投"的运作模式 ······ 82
股权平分：咖啡厅的启示 ······ 83
股权众筹投资风险的来源 ······ 85
股权众筹项目各阶段的风险 ······ 86
如何有效防控股权众筹风险 ······ 90

第8章 股权融资商业计划书的撰写技巧

提炼项目的核心要点 ······ 92
产品描述的撰写技巧 ······ 94
市场分析的撰写技巧 ······ 97
营销方案的撰写技巧 ······ 98
公司运营的撰写技巧 ······ 101
投资回报与退出机制 ······ 103

Part 3
股权激励篇

第9章 股权激励：吸引、留住优秀人才

企业股权激励的定义与原理 ······ 107

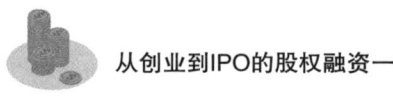

企业实施股权激励的主要工具 ……………………………… 108
企业股权激励制度面临的挑战 ……………………………… 110
企业实施股权激励的五项原则 ……………………………… 112

第10章 拟上市公司的股权激励实施方案

拟上市公司常用的股权激励方式 …………………………… 117
拟上市公司股权激励的注意事项 …………………………… 119
鼎汉技术：大股东低价转让股份 …………………………… 124
探路者：管理层对公司进行增资 …………………………… 125
佳豪船舶："曲线"实施股权激励 …………………………… 126

第11章 上市公司股权激励计划的实施方案

上市公司股权激励的分类和作用 …………………………… 128
上市公司股权激励存在的主要问题 ………………………… 129
完善上市公司股权激励的四大措施 ………………………… 132

Part 4
股权并购篇

第12章 股权并购的主要模式及操作流程

股权并购的基本操作流程 …………………………………… 139
股权并购的三种操作模式 …………………………………… 141
股权并购模式的适用条件 …………………………………… 143
股权并购的优缺点比较分析 ………………………………… 145

第13章 企业股权并购中的风险与防范

并购准备阶段的主要风险 …………………………………… 149

并购实施阶段的主要风险 ············ 150

　　整合运营阶段的主要风险 ············ 153

　　股权并购风险的防控措施 ············ 154

第 14 章　上市公司的并购战略与案例实践

　　以上市公司作为主体实施并购 ············ 157

　　以上市公司并购基金实施并购 ············ 160

　　以上市公司大股东并购基金实施并购 ············ 161

第 15 章　企业并购中如何控制交易成本

　　企业并购过程中的交易成本 ············ 165

　　企业并购需要遵循的四个原则 ············ 167

　　企业如何选择合理的并购策略 ············ 169

Part 5
IPO 融资篇

第 16 章　实战解读企业上市前的资本运作

　　模式 1：并购重组 ············ 175

　　模式 2：股权投资 ············ 178

　　模式 3：杠杆收购 ············ 180

　　模式 4：战略联盟 ············ 181

　　模式 5：合资控股 ············ 183

　　模式 6：债权转股权 ············ 185

第 17 章　企业 IPO 上市基本流程与操作指引

　　改制与设立股份公司 ············ 187

　　上市辅导 ································· 189
　　发行申报与审核 ···························· 192
　　发行与挂牌上市 ···························· 194

第18章　上市公司的融资方式选择与策略

　　上市企业融资选择的影响因素 ················· 196
　　国外上市企业的融资方式选择 ················· 199
　　国内上市公司股权融资的影响 ················· 200
　　国内上市公司股权融资的启示 ················· 202

Part 1

股权创业篇

第 1 章 搭班子：构建稳定的创业团队

◉ 创始人如何进行自我定位

互联网创业潮的出现催生了一大批年轻、优秀的创业者，他们满怀创业的激情，凭借满腔热血和"初生牛犊不怕虎"的精神奔走在创业道路上。然而曾经红极一时的"泡面吧"和"西少爷"等明星创业公司却因为股权分配问题最终走向解体，这也为众多创业者敲响了警钟，如果不能解决好股权分配的问题，下一个因股权纷争而解散的创业团队就可能是你了。

曾经有年轻创业者向我咨询过关于股权分配的问题，我认为在解答这个问题之前，有必要提一下怎样选择合伙人的问题，因为选择一个合适的合伙人对于股权分配来说具有重要的作用。

选择一个合适的创业合伙人可以从以下两点进行判断：

★ 备选合伙人的价值观能否与自己达成一致，是否能认同企业的创业方向；

★ 备选合伙人能否与自己在技能和资源方面实现互补。

很多创业团队最终破裂的原因很大程度上是源于创始人之间价值观

方面的差异以及就企业发展方向所产生的分歧，或者是合伙人拥有的能力或资源对于公司的发展不能发挥关键性的价值。

在寻找合伙人之前，创业者首先应该明确找合伙人的目的。创业团队中的每一个成员都应该扮演不同的角色，并且彼此具有不可替代的作用。例如，一个创业项目需要研发的职位或者功能，就可以找一个拥有研发技术的合伙人，而如果在创业项目中，技术在其中并不起主导作用，因此与其找一个技术合伙人来分股权，不如花几万元将这部分工作外包出去。而如果创业方向就是技术方向，则找到这一领域的"技术大牛"做合伙人对企业的成长具有至关重要的作用。

在选择合伙人的时候，可以优先考虑自己身边的朋友或者是自己信任的人向你推荐的朋友，因为彼此在性格、价值观、能力等方面都比较熟悉和了解，而这种相互熟悉和信任是保证初期创业团队执行力的关键因素。

对于初创公司的创始人而言，要想构建一个稳定的创始团队，首先需要对自己有一个准确的定位，清楚自己的个性，才能组建好一个团队。创始人有4种自我定位：英雄、领袖、领导、领头人。

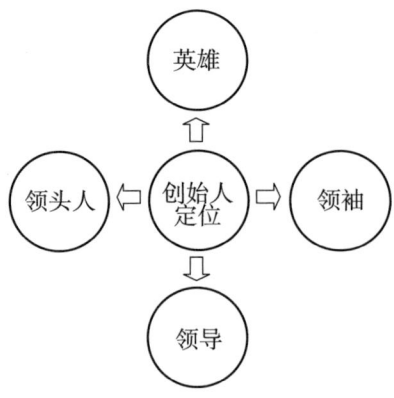

图1-1 创始人的4种自我定位

（1）英雄。英雄就是可以拯救千万人于水深火热之中，什么都不怕，像兰博一样，手持一支冲锋枪就把一个营地扫平了。如果你个人具备这种英雄主义的话，那么创建什么样的创业团队，你应该心里有数，拿得了主意，组织得了团队，你只需要找一些能够帮助你的创业伙伴就好了。

（2）领袖。领袖在带领整个团队时，会与很多有才能的人合作，并且这些人都愿意听从领袖的意见。如果你是一个领袖，有思想、有主见、有洞察力，在关键时刻能沉着冷静地分析问题，做出正确的抉择，那么你适合做一个大股东，找一些愿意听从于你的合作伙伴，然后你分大头，让他们分小头。

（3）领导。领导就是能够带领大家，使组织协调有活力，在创业的关键时刻能够给予大家正确的指导。如果你觉得自己可以做一个领导，就可以做一个小股东，和别的团队一起把事情做好，因为你具备一定的领导能力，所以在创业过程中，必定会有机会发挥你的价值。

（4）领头人。领头人主要是指具有一定执行力的人，换句话说就是具备独立完成这件事情，或者带领一个团队完成这件事情的能力。如果你是一个领头人，就必须选择与别的团队一起，在参与过程中，不断学习、成长。

◎ 创始人如何选择创业合伙人

合伙人是公司股权持有人之一，为公司的创建与发展做出了重大贡献。具体来看，公司股权持有人主要包括3类，一是合作人团体，包括公司的创始人与联合创始人；二是员工与外部顾问；三是投资方。

公司的合伙人是指兼具创业能力与创业心态，同时有3～5年全职投入预期的人。合伙人之所以要求有3～5年的全职投入预期，是因为创业公司要想实现其价值，公司所有合伙人必须经过很长一段时间的努力。所以，如果公司的联合创始人中途退出，就将失去公司合伙人的资格，不再享有公司发展的预期价值。也就是说，合作人之间是长期、强关系的深度绑定。

那么，创始人在选择创业合伙人时，应该注意哪些问题呢？

（1）在创业初期，为了推动公司起步发展，创业者往往需要很多资源。在这种情况下，对那些资源承诺者，创业者往往会许以很多股权，将其变成公司合伙人。创业公司价值的实现需要整个创业团队投入很多时间与精力，做出长时间的努力。所以，对于不全职参与创业的资源承诺者，公司可先考虑项目提成，按一定的比例为其分配相应的利益，而不是许以股权。

（2）对于那些有着高超的技术但无法全职参与创业的兼职人员来说，公司最好按照外部顾问的标准向其发放少量的股权。全职投入公司工作是创始人的必备条件，那些不能全职投入公司工作的人不能称其为创始人，对于这些人，公司只能为其提供相应的工资，最好不要分配股权。即便这个兼职人员在公司走上正轨之后辞去自己的全职工作全面投入公司，也不能得到股权，因为他没有和真正的创始人一起承担创业风险。

（3）创业投资有两大逻辑：一是投资人投入巨额资金，拥有较少的股权，用金钱换取股权；二是创业合伙人投入较少的资金，拥有较大的股权，用长期全职为公司服务来换取股权。也就是说，投资人出钱不出力，创业合伙人出钱又出力。所以，相较于创业合伙人来说，天使投资人购买股票的价格相对较高。在组建团队创业之初最容易出现这种情况：天使投资人与创业合作人按照出资比例分配股权，投资人只需投入部分资金就能获得公司较多的股权。这种现象显然不合理。

（4）公司在创业之初给普通员工发放股权会产生两种结果，一是股权激励成本过高；二是激励效果有限。如果公司在创业之初给每个员工5%的股权，则很难对员工产生激励作用，甚至会在员工心目中形成公司开空头支票的印象。

如果公司在中后期给员工发放股权以表激励，则很有可能5%的股权能对500名员工产生良好的激励作用。所以，对于普通员工，公司不要在创业初期为其分配股权。

◎ 3C原则：团队构建的三个要素

随着互联网和移动互联网的发展，中国的经济开始经历深刻的变革，伴随而来的就是人们生活以及工作方式的改变，创新、创业已经成为互联网时代的一种时代标签，而创业也从理想逐渐变成现实。社会上也掀起了一股由"80后""90后"主导的"创业潮"。

于是越来越多的有识之士走上了合伙创业的道路，但创业并不是一件容易的事，不是崇尚个人英雄主义的个体创业，而是追求合作共赢的团队创业，没有团队的创业不一定会失败，但是没有团队而实现高成长性也是非常困难的。因此，创业团队对于初创企业的成长来说具有重要的意义。

怎样打造一支优秀的创业团队？面对创业团队从成长到成熟的变化，企业应该如何应对？怎样才能保持一个企业的核心竞争力使其立于不败之地？下面我将就这些常常被咨询的问题提出一些自己的见解：

一支优秀的创业团队，应该具备3个方面的要素，可以用3C来概括：

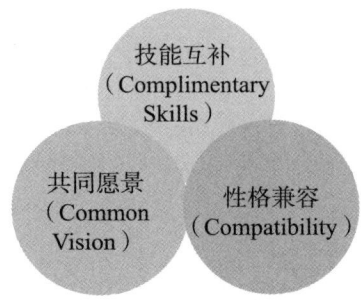

图 1-2　构建创业团队的 3C 原则

◆ **技能互补（Complimentary Skills）**

一个团队的队员要各有千秋，无论在知识、技能还是经验方面都要形成互补，这样才能产生协同效应，对团队的发展起到促进作用。创业团队成员之间应该能力互补、各有所长，这种团队创业以及技能互补不仅可以分散创业失败的风险，降低创业失败所要承担的后果，同时也有利于增强创业企业的资源整合能力，能从更多的融资渠道获取资源支持，提高创业的成功率。

◆ **性格兼容（Compatibility）**

很多创业团队最终走向破裂，与团队成员之间的性格以及理念方面不能达成一致有很大的关系。合伙人可能会因为出身领域的不同而在某些方面存在分歧，如果两个合伙人分别来自营销和研发领域，则前者在思考问题的时候会习惯性站在市场的角度，而后者更多会习惯于站在产品角度来思考。因此，要想将因差异而产生的矛盾转化成创新因素促进创业企业的成长，就需要将这种差异融入企业经营的目标中，而合伙人性格的兼容性就显得尤为重要了。

◆ 共同愿景（Common Vision）

"养猪"还是"养孩子"，这事关战略计划的制订和选择。"养猪"是指将企业作为一项可以增值的资产进行经营，当经营到一定程度之后IPO或直接将其转卖获取收益；而"养孩子"则需要一种更加长远的战略计划，将初创企业当成毕生的事业和追求来经营，并将其发展成为一个拥有坚实基础，并实现持续稳定发展的企业。而企业的愿景如果不能达成一致，创业团队也就很难实现长远发展。因此，大家要有明确一致的目标，只有目标一致，大家才能在创业过程中同心协力，团队才具有凝聚力。

在打造3C团队之前，首先应该制定合理的股权结构。在美国，创业团队都有专门的法律条文进行规定和约束，例如，《创业者协议》对合伙人的股权比例、股权交易以及退出规则、权益结构等都做出了明确的规范，规范合伙人的权益结构、股权比例、股权交易规则、退出规则等。中国也应该学习和借鉴美国在这方面的做法，通过制定正规的法律来规范合伙人以及创业团队。这种严谨的方式不仅可以规范国内的创业秩序，对于初创企业的长远发展来说也具有重要作用。

许多创业团队都希望在创业初期能尽可能获得更多的自由，并希冀在将团队做大之后通过制定"君子协议"来规范合伙人，这种方式从短期来看有利于企业的成长，但是从长期来看，容易给企业的未来埋下更多的安全隐患，不利于长远战略的制定。

此外，每一个创业团队中都有不同的角色担当，其中必须要有一个领导者，这样才能推动创业团队最终决策机制的制定，在面临重大选择时不至于过分纠结。

◎ 创业团队如何管理与控制风险

◆ 明确创业风险的来源

当创业者在组建团队或者成立一家新企业的时候，最让大家担心的就是风险问题。风险主要来源于两个方面：一是信息不足；二是控制失效。

图1-3　创业风险的两大来源

（1）信息不足。之所以组建创业团队，就是因为团队的智慧要大于个人的智慧，团队的力量要强于个人的力量。通过这种信息量的集合，来解决信息量不足的问题。但是当团队壮大之后，或者在我们组建团队的时候，由于组织机制的原因，可能会导致彼此之间的信息沟通存在障碍，造成信息的缺失，这种缺失不论是对团队还是对个人都是一种损失。

因此在组建团队的时候，要提高沟通效率，不断地增加信息量，降低信息之间的不对称。在选拔人才的时候，也要有相应的标准，判断这个人的加入是否增加了团队的信息量。

（2）控制失效。控制主要包括三个方面：第一，谁是公司运营的控制者；第二，谁在公司利益分配方面具有权威性；第三，谁对公司的整体战略和人事方面负责。

基于以上三方面问题，公司在治理层面也有三个问题需要慎重考虑：一是控制的问题；二是激励的问题；三是动态调整的问题。

◆ **组建创业团队的四大风险因素**

组建创业团队时，主要有四大风险因素：

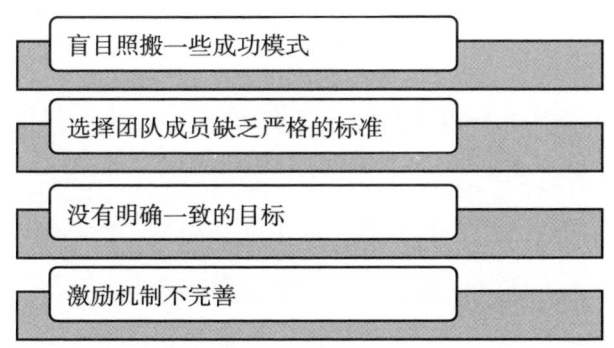

图1-4　组建创业团队的四大风险因素

（1）盲目照搬一些成功模式

由于现在创业的年轻人越来越多，很多人在创业过程中会模仿那些创业取得成功的创业模式，所以，市场上的很多模式都大同小异，毫无新意。而照搬他人模式本身就会带来很大的风险，不从自身实际情况出发的盲目效仿很有可能成为创业失败的重要原因。

（2）选择团队成员缺乏严格的标准

我了解了二三十个创业小团队，发现他们在选择团队队员时，只是通过聊天，感觉这个人不错就录用了，这其实是对创业团队不负责的表现。这些仅凭感觉就被录用的队员，在短时间内可能会为创业团队提供一些新鲜想法，但从长远来看，他们对公司的稳定发展及企业文化传承可能会造成不利影响。

（3）没有明确一致的目标

这是导致创业团队最终失败的重要原因之一，主要体现在两个

方面：

★ 短期利益和长期利益二者之间互不协调

一部分团队成员或者说是合伙人在具备大量资金的情况下，比较看重长期利益，注重企业的长期发展；而另一部分团队成员就比较看重短期利益，对产品在短期内的销售情况很是在意。这两种想法的出现如果到了一种极不协调的程度，即使初期产品做得再成功，最后也很难取得好的效果。

★ 以技术为主导和以市场为主导的观念不一致

大家都认为好的产品要以用户为中心进行研发和生产，只有这样才能收获良好的用户体验。但事情远不止这么简单，产品的销售情况到底是由市场主导，还是由技术主导，还得看实际情况。

公司一定要有自己的原则：根据自己所做的产品特性，选择主导方向。例如进门，它就是做社区的，显然它不会是以技术为主导的产品，但是像3D眼镜或者其他的一些高科技产品，就显然是以技术为主导的产品，不管你做多少用户调查，征求多少用户的意见，最终用户还是以产品的技术含量高低来评价产品的好坏。所以，我们在对产品进行定位的时候，首先要清楚公司是以技术为主导，还是以市场为主导。

（4）激励机制不完善

如何做到有效激励，主要取决于两个方面：一是个人魅力，一个拥有个人魅力的人必定是一个品德端正、能力过硬的优秀人员，创业团队成员如果不具备这种个人魅力，就很难取得最终的成功；二是股权设置和利润分配方案，这种关系到自身利益的事情，一定要公平、公正、公开，这样才能让大家做到彼此信任。

◆ 初创团队财富分享的问题

公司在对于财富分享这一点上，主要涉及以下四个问题：

（1）股权问题。一家公司必然存在一个大股东，不可能是1∶1平分。创业风险的来源之一就是信息不足，由于信息不足，我们在做抉择的时候就会采取风险最小的决定。也就是说，当另外的合伙人所坚持的选项不一致时，大家肯定各执己见，发生争执，为了解决这种矛盾，就必须有一个人来做出最后的决定，那么这个人就是大股东。

（2）形成分享财富的观念。大家要有一种主动与大家分享成果的观念，并不是依靠老板指明，哪个是你的，哪个是他的。一个团队只有懂得分享，才能凝聚智慧与力量，发挥出最有效的作用。而大股东在其中起着最为关键的作用，一个团队或者一家初创公司必须要有一个甘愿牺牲自己利益的大股东，他不仅要带领大家把公司发展好，还要做好不断牺牲的准备，如果公司里没有这种具有分享财富观念的大股东或者合伙人，就很难持久发展下去。

（3）对于那些没有公司股份的员工要给予相应的照顾。公司内的很多员工只有正常的工资待遇，对于这些员工，公司除了要按时发放工资，不克扣工资，保证他们的正常收入外，还要为他们设计好股权期权计划，让员工感受到公司对他们的关怀，只有这样，员工才会尽心尽力地工作。

（4）不能随便引进投资者。有些人的投资对公司来说可能是一件坏事，但有些人现在没有钱投资公司，而他们的投资却有很高的价值，这时，你完全可以借钱给他，让他购买公司的股份，等以后有了钱再还你。这其实也是李彦宏、马化腾取得最后成功的原因之一，他们也是在早期将自己的钱借给了那些有价值但没有钱入股的员工或合伙人。

第 2 章　初创企业股权架构的设计方法

◎ 根据创业合伙人的贡献估值

相对于传统"单打独斗"式的创业模式,今天的创业公司,更多的是由具有不同优势的个体合伙建立的。显然,合伙创业比个人的"单打独斗"更有优势,但是,这种团队创业模式也有着自身的新问题。

例如,股权分配是影响创业成败的关键因素之一。但是,各个创始人所贡献资源的性质是不同的(资金、场地、技术、销售渠道、关系网络等),很难说资金比场地更重要,或者销售渠道比研发能力的贡献更大。因此,在创业公司成立之初,就建构一种公平、公正、合理的方式,根据对诸多创始人不同贡献的量化,进行公司股权的分配,有利于促进创业团队的团结协作,消除企业长期发展的隐患。

创业团队在共同创业过程中,其成员虽然从属于技术、资金、管理、市场、财务、公关等不同的领域,但在地位上始终是平等的,而且由于工作性质的差异很难对每个成员做出的贡献进行有效量化。因此,创业团队的股权分配问题似乎已经成了初创企业中普遍存在的痛点。很多创业公司由于对待股权分配问题不够重视,最后不得不花费数倍甚至数十倍的成本来埋单。

以为企业所创造的价值为标准来衡量企业合伙人贡献的方式，逐渐赢得了许多创业公司的一致认可，这可以帮助企业理清每个创业团队成员的权力、责任及利益。

创业不可能一蹴而就，它需要每个参与创业的员工长期为企业创造价值，通过不断努力逐渐将企业做大、做强。所以，在分配股权时可以从企业长期发展的维度上来明确每位创始人的股权额度，如按照项目及融资进程等来逐步增加其股权，则可以对创始人创造价值的能力进行长期考核，使股权分配更加合理。此外，这种方式还能为后期加入的新人才预留足够的股权，防止期权池内的股权被透支。

在《切蛋糕：创业公司如何确立动态股权分配机制》（*Slicing Pie*：*Fund Your Company Without Funds*）一书中，迈克·莫伊（Mike Moyer）首先提出了动态股权分配概念。他指出，可以将各个合伙人所贡献的不同资源，按照市场价值分别进行估值，并计算出总的市场价值。然后，根据创始人的贡献值在总估值中的比重，进行股权的分配。

在创业公司初步成立发展阶段，创始人对公司的投入，往往会由于公司初期发展的各种因素，得不到足够的回报。那么，这些缺失的价值回报，就可以作为以后公司股权分配的依据之一。例如，创始人的收入本该是 1 万元/月，但由于创业公司处于发展初期，为了不影响公司的资金周转，创始人每月只领取了 5000 元。那么，就可以把剩余的钱作为创始人对公司的"投资"，并根据在总"投资"中的比重，来计算其占有的股权比重。

迈克·莫伊提出的这种根据"市场价值"计算股权比例的估值方法，有效地将创始人不同"质"的贡献，转化为可比较的"量"的计算，从而有利于建构动态合理的股权分配机制。总体来看，这种"切蛋糕"的模式，主要包含 3 个方面的内容：对各种投入要素的估值、对股权比例的计算以及对计算时机的准确把握。

◎ 根据创业合伙人的资源估值

迈克·莫伊提出的估值法，首先需要对不同要素进行市场估值，然后计算每个创始人的要素价值在总估值中的比重。例如，在一个合伙创业公司中，甲具有技术研发优势，市场估值为30万元；乙为公司提供了资金支持，市场估值为15万元；所有投入要素的总估值为100万元。那么，按照估值方法计算，甲、乙的股权比例就分别为30%和15%。

因此，在实际操作过程中，关键是要能够合理有效地计算出时间、资金、场地、知识、创意、技能、关系等不同要素的市场价值。

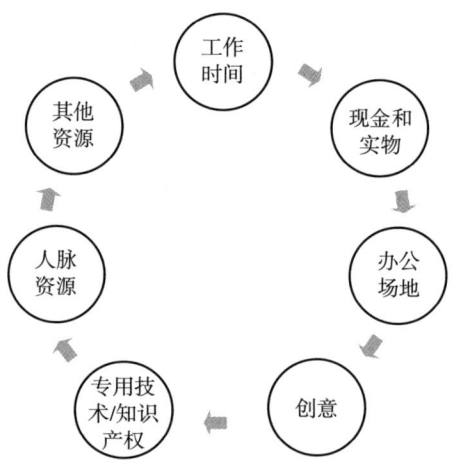

图2-1　对创业合伙人资源投入要素估值

◆ 工作时间

创始人只有投入大量的时间和精力，才能对其他要素进行有效整合，发挥出各要素的价值。因此，时间投入是创始人对创业公司的最重要贡献。对于创始人时间投入的价值估算，一般是按照在人才市场中，其他公司在同等条件下（如学历背景、职业经验等），在类似的岗位上所提供的薪酬为依据的。

例如，创始人在创业公司中的工作，按照同等条件下的市场行情，应该获得 2 万元/月的收入。如果创始人基于公司初期发展运营的考虑，每月只支取了 5000 元，那么该创始人的工作时间投入价值就是 1.5 万元/月。简单来讲，创始人工作时间的投入价值，就是"创始人本应该拿，但却没有拿"的那部分工资价值。

当然，这种工资标准的计算并不是固定不变的，而是根据创始人的不同情况，选择不同的计算依据。例如，对于兼职创业的创始人，就要按照市场上同等条件的兼职人员的工作标准，计算其创业投入。

总之，将时间要素合理地融入股权分配中，有利于增强创始人的归属感和创业热情，为创业公司留住更多人才。一方面，公司不是将所有的工资都发放给创始人，而是将其中的一部分作为对创业企业的投入。这使创始人有别于一般的雇佣者，有着更强的企业认同感和使命感。另一方面，通过将创始人的时间投入，转化为相应比例的股权，可以激发创始人为企业奋斗的动力，为创业公司留住人才。因为创始人选择合伙创业，就表明其看好公司的潜在价值，认为其获得的股权价值一定会高于市场上的工资标准。

◆ 现金和实物

在企业平稳发展的上升期，前景比较明朗，因此很多投资机构都愿意为其提供资金支持。这时，企业运营中资金的重要性反而相对降低。但是，在企业初创阶段，公司发展前景比较模糊，很少有投资机构愿意冒险为其提供资金。因此，对于创业企业的初期发展来说，资金仍然是不可避免的关键问题之一。一般而言，在进行股权比例计算时，现金的价值就是其实际金额。

除直接为公司提供现金支持以外，创始人也可能会提供资金的另一种形式，即实物资产。对于这种实物资产的价值估算，一般是以实际的市场价格为标准的。例如，对于全新的实物资产，就按照时下市场中的购买价格来计算；对于已经使用过的折旧实物，则按照当前可以在市场中的卖出价格进行计算。

需要注意的是，并不是创始人提供的所有实物资产，都可以转化为现金投资，而是有相应的条件限制：要么是公司业务运营所必需的核心资产，要么是为保障公司正常运作而专门配置的。例如，创业企业主要运营互联网项目，网站服务器就是其所必需的核心资产，可以将创始人的这种实物支持视为现金投资；但只是为了热饭方便而提供的微波炉，就不是公司运转所必需的，也就不能作为创始人的现金投资。

再如，创业企业在刚刚成立时，需要很多物质配置，如电脑、办公桌、办公椅，或者其他工作硬件。创始人如果是为了公司的正常运作，专门提供这些实物支持，就可以折算成现金投资；如果不是为了创业企业专门购买，而只是将自己不用的电脑或者文具拿到公司，则不能算是现金投入。

◆ **办公场地**

不论是办公地点，还是仓库、店面，都需要占据一定的场地。因此，场地也是创业企业实现正常运作不可或缺的要素。如果创始人为公司提供了急缺的场地，免去了公司自己寻租的麻烦，那么就可以把场地要素作为创始人对公司的价值投入，其估值就是公司自己租场地所应付的租金。

与上述实物资产一样，创始人为创业公司提供场地资源，要想转化为对公司的价值投入，也需要相应的条件：首先，场地是公司所必需的，可以为公司带来价值。例如，创业公司只需要50平方米的办公场地，创始人却提供了100平方米。那么多出的部分，就不是公司所必需的，因此也就不能视为创始人的投资。其次，如果场地是创始人的闲置资源，提供给公司以后，对创始人没有任何利益影响，也不能将这种场地折算成创始人的价值投入。

◆ 创意（idea）

创始人在成立创业公司之前，对创业项目就已经有了初步的创意。之后，又通过大量的市场调研和试错，不断地完善创业项目的产品、技术、销售等各项流程，将这种创意雏形演变为合理的商业计划。这种成熟的创业规划，能够促进创业项目的顺利施行，对公司的快速发展有着重要价值。

显然，不同于简单的创业点子，这种成熟的创业规划，浸透了创始人大量的时间、精力和汗水，并为公司创造了价值。因此，可以将这种创意视为创始人的价值投入，其估值就是创始人的先期工作在当下市场中能够获得的薪资。

◆ 专用技术/知识产权

技术能力和知识产权是企业发展所必需的要素，因此，创始人为创业公司提供的专项技术或者知识产权，当然也可以作为一种价值投资。价值估算就是这种专项技术的市场价值。当然，如果创始人只是授予了创业企业对技术的使用权，而非将产权完全转让给公司，那么这时的价值投入，就是市场上这种技术的分享使用费。总之，创始人对创业公司技术投入的价值，就是公司"应付却未付"的那部分费用。

除知识产权以外，有些创始人也会把自己拥有的比较成熟的产品贡献给公司。例如，创始人可能将自己开发成熟的网站、APP、SNS账号等，转让给互联网创业企业，从而减少了企业初创阶段在这些方面的投入。对这种产品的价值估算，一般就是市场上的转让价格。

◆ 人脉资源（销售、融资等）

企业并不是孤立发展的，而是受到政府、社会、其他企业、消费者等各方面影响。一个覆盖面广泛、关系良好的人脉网络，能够帮助创业企业有效解决产品销售、资金融通等初创阶段的紧迫问题，促进企业的快速发展。因此，对于创业企业来说，人脉资源是十分重要的。

企业对于创始人提供的人脉资源的价值，是根据"应支付、但未支付"的原则计算的。例如，创始人通过人脉关系带动了企业销售收入的提升，那么，人脉资源对公司的贡献，就是公司应该支付的销售提成。如果是利用人脉关系帮助公司进行融资，那么创始人对公司的投入，就是公司按照市场行情应该支付的佣金。

◆ 其他资源

除了上述提到的时间、资金、场地、创意、技术、人脉等长期投入的要素，创始人也可能会提供一些比较重要的短期资源。这时如果公司未支付相应的报酬，或者创始人要求替换成股权，也可以将这些短期资源折算成对创业公司的投入。

总之，创始人为公司提供的资源，首先，应该是创业企业十分需要的，能够为公司创造价值；其次，这种资源对创始人来说，不是闲置无用的，转让会使其利益受损。这种有价值且使创始人受损失的资源，才能被视作对公司的投资。

◎ 股权结构的分配与设计方法

将不同质的要素，转化为可以量化的市场价值以后，接下来就是对每个创始人贡献的要素进行估值，然后根据其在所有要素总价值的占比，进行股权比例的分配。具体而言，某个创始人的股权比例＝该创始人的投入估值÷全体创始人的投入估值×100%。

企业是处于不断变化发展中的，因此，各种要素对于企业的重要性，会因企业发展阶段的不同而有所变化。这就要求创业企业制定合理的估值浮动机制，根据公司不同阶段的发展需要，对那些最为迫切和稀缺的要素，适当地放大其贡献估值。

例如，在企业初创阶段，往往面临着融资和销售渠道的困境。这时候，对那些提供资金和人脉支持的创始人，可以适度放大其实际的市场估值。因为相比于时间、场地等其他要素，资金和渠道显然对创业企业的初期发展贡献更大。至于这种估值放大多少，则可以通过制定一个合理的机制或者由团队协商完成。

创始人投入创业公司的要素性质是不同的，有些是资金、场地、办公用品等一次性的投入，有些则是工作时间、技术研发能力等持续性的投入。对于这种持续性的贡献，企业在计算股权比例时，需要根据自身的发展动态，找到适宜的时机，计算创始人的贡献变化及其股权比例。

图2-2　股权结构的分配与设计方法

◆ **预估法**

预估法就是在创业企业成立之初，就根据各个创始人在企业运营中的职能角色，估算其在以后企业运行中可能的价值贡献，并以此作为分配股权比例的依据。

例如，某个创业项目中，甲、乙、丙3个创始人可以提供的要素分别为：企业整体的运营管理、具体的事务性工作以及20万元的现金支持，且甲、乙第一年都不支取工资。另外，由于资金是该项目最为紧迫的资源，因此团队同意丙的投入估值按资金的2倍计算。同时，根据时下的市场行情，在同等条件和职位下，甲、乙的年薪分别为42万元和18万元。

综上，甲、乙、丙三人的贡献估值，就分别为42万元、18万元和40万元。三方总的投入估值为100万元。根据上面的计算公式，就可以得出三人的股权比例分别为42%、18%和40%。

◆ 定期评估法

除了预估法，企业也可以采用动态股权分配方案，即按照一定的周期（可以是一周、一个月或者一季度，具体计算周期要根据企业实际的运营情况和需要），对创始人在这个时间内的资源投入进行估值，进而根据比例确定股权分配。这种动态的股权分配方案，更能够凸显创始人贡献的变化，也体现了创业公司在不同发展阶段的资源需求情况。

仍然以上面甲、乙、丙的创业项目为例，按照定期评估方法，将周期设置为每月评估一次。那么，第一个月甲、乙、丙的贡献分别为：甲、乙都是一整个月的工资，即3.5万元和1.5万元；丙在第一个月则花费了2万元，购置云服务器、域名、给付广告费等创业项目必需的开销。按照约定的2倍估值，丙的投入就是4万元。如此，到了第一个月的月底，三方投入的总估值为9万元，股权比例分别为38.9%、16.7%和44.4%。

同理，就可以定期计算出每个月甲、乙、丙三方的股权比重。当然，随着企业的发展壮大以及总投入的累加，各方每个月的投入估值为自己所增加的股权比例，会逐渐降低。例如，第一个月各方的总投入是9万元，到了第11个月月底时则累加到了99万元。那么，甲每月投入的3.5万元，在第一个月可以为其增加38.9%的股份；到了第12个月，即便其他人不再进行任何投入，甲增加的股份也只有3.4%〔3.5万÷（99万+3.5万）×100%＝3.4%〕。

一般而言，股权的定期评估方法只适用于公司的初创阶段。在这一阶段，创始人持续性地投入对公司发展影响较大，股权处于不断变动中，需要周期性地评估各个创始人的贡献度，以确定合理的股权比例。

随着企业规模的壮大和总体资源投入的累积，各个创始人每个周期的投入对公司发展的影响趋弱，企业的整体股权结构也已经相对稳定。这时就可以制定出一个合理的分配机制，为各个创始人直接确定一个合适的股权比例，而不需要再进行周期性地评估。特别是在创业公司进行融资规划时，更应该将各方的股权比例明确下来，而非让股权结构处于不断变化中，以免让投资机构产生公司团队不稳定的印象，进而影响其投资意愿。

◎ 初创企业股权规划实操攻略

◆ 制订长远的股权战略计划

初创企业股权的价值很难在资本市场得到直接体现，为了给予员工更大的信心，管理层需要为企业描绘出长期的发展战略及上市规划，让所有的员工在统一的战略引导下向着共同的目标不断迈进。

股权的过早分配及一次性分配也是创业企业在股权分配时容易出现的错误。在创业初期，团队规模较小，股权的价值也无法真正体现出来，此时很容易将大比例的股权一次性地分配给创业团队成员。

这种分配方式存在较大的缺陷：由于采用一次性分配，当企业发展到一定规模时，持有较多股权的员工实现了财务自由，很容易丧失工作积极性。而且早创业初期员工们创造的价值很难被真正有效量化，股权分配的尺度很难把控，随着企业的逐渐发展，员工的价值会得到体现，股权分配不匹配问题也会集中爆发。

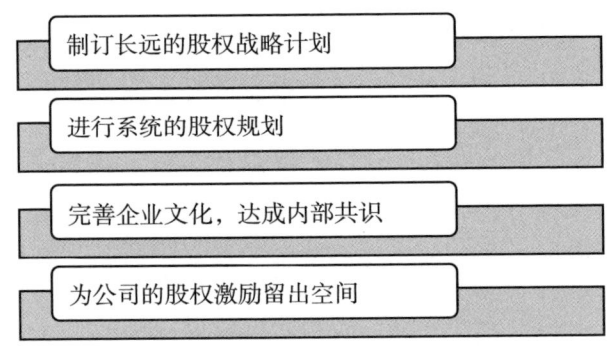

图 2－3　初创企业股权规划实操攻略

此外，这种一次性透支股权的分配方式也会对后续企业引入新人才产生较大影响，股权比例不足的企业在人才竞争中会明显处于劣势，严重影响企业战略执行及新市场的拓展。

◆ **进行系统的股权规划**

在已经建立企业发展战略的基础上，对企业的股权进行统一的规划，如根据企业的发展战略决定将在何时启动 A 轮、B 轮、C 轮融资，目标融资额度，决定稀释的股权比例，融资资金的分配等。企业在发展过程中又将如何对员工进行股权激励，具体的股权激励对象需要满足什么样的条件，股权激励的额度，股权退出机制，创始人团队需要多少比例的股权才能保证对企业拥有绝对控制权等。

根据企业所处行业的特征及自身的发展情况，企业需要在结合自身发展战略及股权规划的基础上未雨绸缪,建立一个公平公正、权责统一、有序交接的股权分配制度,从而有效规避日后可能出现的股权纠纷。

◆ **完善企业文化,达成内部共识**

相对于发展成熟的企业而言,初创企业的股东们需要承担的风险、责任及义务明显超过其享受的权利,所以企业创始人、被激励的持股员工及投资方等都需要对股权有一个正确的认知。

当创业公司的股权分配完全按照规章制度进行约束,而没有企业文化作为支撑时,由股权所维系的创始人、投资人及股权激励对象充其量只能算是一个利益共同体,"金钱至上"的组织文化很难经受住企业发展过程中不断涌现的巨大挑战。

除了物质财富,企业还需要用企业文化留住人才,否则当他们的物质条件已经满足或者竞争对手给出更高的条件时,离职几乎成为必然。2009年,大量国内创业板上市公司出现的核心人才集体出走就是很好的证明。企业在建立合理的股权分配机制的同时,让企业文化为之保驾护航,使股权拥有者之间形成心灵相通的命运共同体,将会成为移动互联网时代成就一家伟大企业的必由之路。

在企业内部可以通过完善企业文化来有效解决这个问题,企业不应该将股权作为限制组织成员的"金手铐",员工也不应该将股权作为自己发家致富的工具,而是应该从为企业创造价值的维度上,以企业拥有者的身份共同将企业做大、做强。

◆ **为公司的股权激励留出空间**

创业公司在发展过程中,需要招募各个领域的优秀人才来为企业源源不断地注入新的活力和动力,并且随着市场环境的变化及企业发展战

略的调整，企业对人才的需求将会出现变化，为了吸引更多新人才的加入为他们预留足够的股权是很有必要的。

所以，创业公司需要确保自己期权池中的股权，足以支撑其通过股权激励招募新人才时的股权消耗，这也是一家创业企业能够通过长期有效的激励机制使企业保持稳定发展的重要基础。否则企业的股权可能会集中于老员工手中，随着时间的推移他们对新技术及新的商业理念的接受程度会明显降低，而那些更有活力和创造力的人才可能并不会对没有股权激励的初创企业有太多的兴趣，长此以往，企业终究难逃失败的命运。

◎ 创业融资股权稀释操作方法

很多时候，在融资过程中都会发生股权稀释问题，对于很多创业者来说，股权稀释是一个比较复杂的问题。下面以简单易懂的语言结合数字实例对股权稀释问题进行分析，以帮助创业者对融资过程中的股权稀释问题进行深入理解。

◆ 融资不等于股权转让

在对股权稀释进行分析之前要先了解一个问题：股权稀释中的融资指的是企业融资，就是企业为增强自身实力、拓展企业规模引入资金，投资者注入资金换取公司股权成为新股东，从法律层面来看这种行为叫作增资入股。增资入股与创始人转让股权不同，简单来说，股权转让可以被理解为股东套现，其受益人是股东不是公司，除非股东将转让股权所得收益重新注入公司，该行为会改变公司的股权结构，这种结果与融资所产生的结果相似，但二者又有一定的区别。

（1）融资稀释股权

随着新一轮资金的注入，公司新股东产生，所有股东原有的股权比例将同比减少，这就是股权稀释。例如，某公司获得100万元融资，为此出让了10%的股权，在这种情况下，原股东的股权都要减少10%（100%－10%＝90%）。如果该公司的原始股东只有2人，一人持股60%，一人持股40%，融资之后，前者所持股份就变成了60%×90%＝54%，后者所持股份就变成了40%×90%＝36%，剩余10%的股权为投资人所有。如表2－1所示。

表2－1　股权结构变化（1）

公司股东	融资前股比	融资后股比
原股东A	60%	54%
原股东B	40%	36%
投资人	0	10%
总计	100%	100%

融资前后股东所持股份比例的变化容易计算，真正难计算的是公司的注册资本。例如，公司原始注册资本是30万元（原股东A占18万元，原股东B占12万元），那么融资后公司的注册资本R应该是多少呢？

R可以通过融资后公司注册资本的构成来进行推算：R＝18＋12＋R×10%，R＝333333元，投资人所占的资本注册份额就是33333元，原股东的注册资本保持不变。如表2－2所示。

表2－2　股权结构变化（2）

公司股东	融资前认缴出资/元	融资后认缴出资/元
原股东A	180000.00	180000.00
原股东B	120000.00	120000.00
投资人	0	33333.00
总计	300000.00	333333.00

(2) 股权转让只影响转让股东

如果是原始股东转让股权就会产生截然不同的结果。例如，上述案例中持股 60% 的股东以 100 万元的价格将 10% 的股权转让给投资人，那么股权转让之后，公司的股权结构就变成了 50%、40%、10%，如表 2-3 所示。

表 2-3　股权结构变化（3）

公司股东	转让前股比	转让后股比
原股东 A	60%	50%
原股东 B	40%	40%
投资人	0	10%
总计	100%	100%

由此可见，这种情况与增资入股有所不同，未转让股权的股东所持股份、公司的注册资本不会受到丝毫影响，最重要的是公司并未从投资人手中获取相应的资金。

◆ 融资对股权的稀释

一家企业在成功上市之前往往要经历 4~5 轮融资，有的可能更多。一般来说，第一轮融资被称为天使轮融资，出资者是天使投资人，融资规模一般在 200 万~2000 万元，公司会为此出让 10% 左右的股权。在天使轮融资之后，如果创业公司发展势头良好，则会有风险投资继续跟进。一般情况下，早期风投注入的资金会超过 2000 万元，公司会为此出让 20%~30% 的股权。之后，风投注入资金的额度会继续增加，少则 5000 万元，多则上亿元，每轮融资公司都会出让 10% 左右的股权，直至公司成功上市。

例如，融资前原始股东 A 持有 70% 的股权，原始股东 B 持有 30% 的股权，经过几轮融资，各股东所持股权如下：

表 2-4　股权结构变化（4）

公司股东	融资前股比	天使轮融资后股比	A轮融资后股比	B轮融资后股比	C轮融资后股比	D轮融资后股比
A	70%	63%	50.40%	42.84%	38.56%	34.70%
B	30%	27%	21.60%	18.36%	16.52%	14.87%
天使投资	0	10%	8.00%	6.80%	6.12%	5.51%
A轮融资	0	0	20.00%	17%	15.30%	13.77%
B轮融资	0	0	0	15.00%	13.50%	12.15%
C轮融资	0	0	0	0	10%	9%
D轮融资	0	0	0	0	0	10%
总计	100%	100%	100%	100%	100%	100%

在融资过程中，创业公司不要在天使轮出让太多股权。虽然股权比例受投资方对项目估值与投资金额的影响，但是如果创业公司在天使轮给投资者太多股权，就会使自己的股权被快速稀释，A轮融资之后就会失去对公司的绝对控制权。所以，在天使轮，公司出让的股权最好控制在10%左右，不要太多。

如果某公司在天使轮出让20%的股权，股权就会被快速稀释，具体过程如表2-5所示：

表 2-5　股权结构变化（5）

公司股东	融资前股比	天使轮融资后股比	A轮融资后股比	B轮融资后股比	C轮融资后股比	D轮融资后股比
A	70%	56.00%	44.80%	38.08%	34.27%	30.84%
B	30%	24.00%	19.20%	16.32%	14.69%	13.22%
天使投资	0	20.00%	16.00%	17.00%	15.30%	13.77%
A轮融资	0	0	20.00%	17.00%	15.30%	13.77%
B轮融资	0	0	0	15.00%	13.50%	12.15%
C轮融资	0	0	0	0	10.00%	9.00%
D轮融资	0	0	0	0	0	10.00%
总计	100%	100%	100%	100%	100%	100%

需要注意一点，为了更好地激励员工，满足后续加盟股东的股权需求，创业公司还要为其预留一部分股权。如果公司为激励员工留出5%～20%的股权，为后续加盟的股东留出5%～15%的股权，创业者就会对"天使轮不能出让太多股权，否则会加速股权稀释"有更加深刻的理解。

◆ 股权稀释与反稀释

股权稀释是一种比较通俗的说法，与风投专业术语中的"稀释"和"反稀释"是两个不同的概念。创业公司在后续融资过程中经常发生这种情况：公司估值下降，使得前一轮投资者的股份贬值，股份被过度稀释，为了防止这种情况发生，创业公司会采取一些保护措施，这些措施就称为反稀释。

例如，某公司A轮融资的价格为30元/股，受公司或资本市场恶化的影响，B轮融资价格降到了20元/股，引发A轮投资者的不满。因为这种情况使得A轮投资者的投资贬值，投资价值被稀释。

在现实生活中，使用频率最高的反稀释机制有完全棘轮法和加权平均法。

完全棘轮法在国内市场上非常常见，就是对投资人予以股份补偿，使其投资价格与现有的投资价格持平；加权平均法比较复杂，在国际市场上使用频率较高，相较于完全棘轮法来说它补偿的股份较少，能更好地维护原始股东的利益。

◎ 创业合伙人的股权退出机制

在公司发展过程中，核心人员变动是常事，对于那些已持有公司股权却离开公司的合伙人，公司要对其持有的股权进行科学的处理，以免其对公司的正常运营产生不良影响。

◆ 事先制定退出机制，做好合伙人预期管理

公司要提前制定股权退出机制，规定合伙人在什么阶段退出之后要将所持股权以什么形式退回。创业公司的股权价值是所有合伙人长期努力的结果，所以，某合伙人退出公司之后要将其持有的股权退回，以维护继续为公司服务的合伙人的利益，以保证公司能实现持续、稳定地发展。

◆ 股东中途退出，股权溢价回购

公司只能按照事先约定的方式对退出合伙人的股权进行回购，按照当时公司的估值回购股权，股权回购价格可适当高出公司估值。

◆ 设定高额违约金条款

某些合伙人退出公司之后拒不返还股权，不同意公司回购，为了防止这种情况发生，公司可事先在股东协议中设定高额违约金条款。

因为工商局规定公司章程要使用指定的模板，所以，股权退出机制很难写入公司章程。但是，公司合伙人可以另外签订股东协议，协商并约定股权退出机制。一般情况下，公司章程不能与股东协议发生冲突，如果二者发生冲突，则要以股东协议中的规定为准。所以，公司可在股东协议中设定高额违约金条款，以对合伙人的行为进行约束。

◆ 如何确定退出价格

从本质上来看，股权回购就是买断，所以在确定合伙人退出价格方面，公司创始人最好考虑"一个原则，一个方法"。

"一个原则"指的是对于退出的合伙人,公司要收回股权,但必须承认其对公司的贡献,溢价回购股权。这是基本原则,该原则对合伙人的退出,对公司长远的文化建设至关重要。

"一个方法"指的是在确定退出价格方面,公司创始人要对退出价格基数与溢价或折价倍数这两大因素进行充分考虑。例如,按照合伙人购买股权时的价格的一定溢价回购,或按照合伙人根据其持股比例分配企业净资产或净利润的一定溢价回购,或按照公司估值的一定折价回购,等等。至于退出价格基数,公司的商业模式不同,其对价格基数的选择也不同。

如京东上市时的估值为300亿美元,但公司实际的资产负债并不好,这几乎是互联网企业的通病。所以,如果按照合伙人退出时可分配的净利润的一定溢价回购,合伙人很有可能会净身出户。但如果按照公司最新估值的一定折价回购,公司又会面临巨大的资金压力。所以,股权回购价格要根据公司的商业模式确定,既能让退出合伙人分享其应得的企业收益,又不会给企业带来巨大的压力,还能为企业预留出一定的调整空间。

◆ 合伙人离婚,股权的处理方法

近几年,国内的离婚率飙升,企业家群体也不能幸免于难。企业家离婚之后的财产处理问题,包括股权,不仅对家庭有着非常重要的影响,对企业发展也至关重要。

婚姻关系的改变很有可能使公司的实际控制人发生改变。从原则上来看,婚姻期间的财产属于夫妻共同财产,但是关于财产的归属问题,夫妻可以另外约定。为此,夫妻可以签署"土豆条款",约定夫妻一方放弃与公司股权相关的任何权利。但是,为了防止夫妻关系进一步恶化,为了肯定对方的贡献与付出,在签署"土豆条款"时可对其进行重新设计，在保证对方不会对公司的经营、决策、管理进行干预的同时，保证对方的经济性权利。

◆ **合伙人所持股权与其贡献不符，应如何处理**

公司将股权一次性分配给合伙人，而合伙人对公司的贡献却是分期实现的，在这种情况下，就会导致股权分配与贡献不符的情况发生。为了规避这类风险，公司可采取以下3种措施：

（1）为合伙人留出一个较长的磨合期，对双方负责；

（2）在创业初期留出一个较大的期权池，以便后期进行股权调整；

（3）制定股权分期成熟与回购机制，以应对合伙人所持股份与其贡献不符的风险。

第3章　初创公司股权分配的核心原则

◎ 原则1：人才核心与资本核心

创业团队及投资人的出现必然会涉及股权分配问题，科学合理的股权结构能够在让创始人掌握企业控制权的同时，还能通过股权激励方式有效提升员工的积极性，进行股票增发为企业的发展引入足够的资金等。

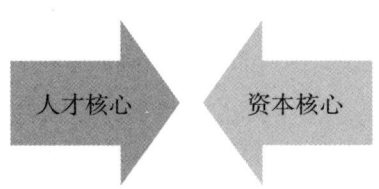

图3-1　人才核心与资本核心

◆ 人才核心

颠覆、革命成为互联网时代的热门词汇，移动互联网、大数据、云计算等新一代信息技术的出现，让诸多传统企业成为被革命者和被颠覆者。在这个传统企业与互联网企业激烈碰撞的时代，商业逻辑、思维方式、市场机制等都发生了重大变化，面对这些改变，企业需要有足够的人才使企业适应新变化，进一步拓宽企业的护城河。可以说，人才之争始终是企业竞争的主旋律。

在智力密集型行业中，人才之争尤为严重。事实上，不仅是初创企业，即便是已经取得巨大成功的巨头企业都在积极寻找事业合伙人，以海尔为代表的诸多传统企业通过引入相关人才逐步完善自己在电商方面的布局，并进一步优化自己的组织结构和股权结构，促进新老人才的交替，让企业焕发出青春和活力。人才无疑是企业最为宝贵的核心资产。

◆ 资本核心

企业从成立到发展壮大都需要耗费大量的资本，一家企业从创始人的创业想法诞生之际其生命历程便已经开始，后续的组建创业团队、研发产品、开辟市场、营销推广、整合上下游产业链、挂牌上市等都需要有足够的资金提供支撑。

资本的重要性在互联网时代进一步提升，不断加剧的市场竞争、跨界融合下被打破的行业壁垒，使初创企业的成长空间被大幅度压缩。于是通过烧钱补贴、战略性亏损等拼抢市场份额几乎成为创业公司走向行业顶端的必经之路，这就导致了初创企业的融资需求大幅度增加，融资频率及规模迅速增长。

从各个行业企业巨头的发展情况来看，股权融资在企业的发展过程中具有十分重要的意义，从最初的天使、风投及私募股权，到发展成熟时的IPO、股权融资等都是为了获取更多的流动资金来推动企业迈向更高的层级。当然，进行股权融资会稀释企业原有股东的股权。

企业进行融资时的估值及实际获得的融资额度，除了与其发展前景、盈利情况及战略执行等因素有关，稳定而极具向心力的创业团队及科学合理的股权结构无疑也是关键所在，其在吸引更多资本关注而丰富企业融资选择的同时，还能有效提升企业在融资过程中的话语权。

◎ 原则2：最大责任者一股独大

近年来，由于股权分配问题导致的企业遭遇重大危机，甚至核心管理层被架空而集体出走的事件接连发生，宝能、华润与以王石为首的万科核心管理层之间的控制权之争，更是让股权分配成为社会各界关注的焦点。

激烈竞争的移动互联网时代，创业者在面对诸多新机遇的同时，也面临着许多重大挑战。表面上看文娱、金融、餐饮、出行、医疗、电商、智能家居等各个领域都有发展机遇，但竞争手段的多元化、用户需求的改变及资本巨头的跨界整合等，都在无形中极大地增加了创业难度，仅凭创业者单打独斗的个人英雄主义在这个时代已经不再适用。创业者需要组建创业团队、引入投资机构等，才能让企业在残酷的市场竞争中生存下来，并不断发展壮大。

在美国，即使创始人平分股权，公司也能发展起来，而在国内，这种情况却截然相反，一股独大的股权分配模式更有利于企业的成长。国内比较成功的企业一般都会有这样的股权分配模式：有一个大股东是公司的"领头羊"以及决策的中心，承担最大的责任；还需要有能与大股东形成能力以及资源互补的合伙股东，人数为1~2个，股权占比10%~20%，可以发出不一样的声音，对大股东形成一定的制约，对公司发展具有一定的影响力。在这种模式下，既有人承担责任和最终决策，又可以保持公司内存在不一样的声音。

从根本上来说，成功的股权分配就是让所有人在分配以及讨论的过程中，感到公平和合理，从而在讨论完毕后能够将精力放在企业的经营上，而这往往是最容易被忽略的一个问题。不管股权分配的分析框架以及模式有多全面和复杂，也很难替代合伙人之间建立信任关系。因此，创始人应该与合伙人畅谈自己的创业梦想以及期望，只要能得到他们的认可和支持，那么股权分配就更容易了。

在投资人看来，对于一些初期的创业项目来说，"创始人50%～60% + 联合创始人20%～30% + 期权池10%～20%"的股权结构更受欢迎。

很多创始人容易存在这样的误区，认为创业项目是由自己提出来的，自己就应该享有最大的股份。事实上这种认识是错误的。创业是一个充满艰辛的历程，并不是靠一个创意点子就可以成功的。从开始的创意到不断的试错和调整，最终形成一个成熟的创业项目，是一个曲折的历程，而最终出现在市场上的产品往往与最初的创意相去甚远。因此，如果创意的提出者无法在公司成长过程中发挥出真正的价值，但是却想要拥有最大的股份，这显然是其他创始人所不能容忍的。

◉ 原则3：杜绝平均分配的陷阱

初创企业在进行股权分配时，首先面临的就是创业合伙人之间的配股问题，由于涉及多方利益，制定出公平合理的创业合作人配股方案并非是一件简单的事情。很多初创企业为了避免纠纷，往往会选择平均配股，在他们看来，公平要比存在很多不确定性因素的股权有价值得多，初创企业在发展过程中会遇到各种各样的问题，因为创始人之间的利益纠纷问题，而导致企业失败的案例不计其数，所以，将股权平均分配就显得尤为必要。

如果创业合伙人股权分配不均，企业可能会因为内部纠纷而难以集中资源重点突破，对在资金、人才、技术等诸多方面处于明显劣势的初创企业产生极大的负面影响。平均分配股权后，创业合伙人能够协同合作，带领企业走向成功。表面看，这种观点似乎没有什么问题，但从诸多实践案例来看，大部分成功的创业公司创业合伙人之间并非是平均配股。

事实上，使一个有较强领导能力的创始人拥有较多的股权是更为可行的配股方案，在制定战略决策的过程中，所有创业合伙人达成一致是相当困难的事情，而且需要耗费较高的时间成本，很容易让企业错过转瞬即逝的发展机遇，此时，如果有一个拥有较多股权的领导人能够一锤定音，无疑可以很好地解决这一问题。

此外，那些兼职的"创始人"不应该划分为创始人之列，可以向他们承诺一定的物质回报，但不应该分配给其股权。不难想象，当企业发展遇到困境时，这些有其他选择的兼职人员很难为了打破困境而背水一战。有些所谓的"创始合伙人"，可能会在企业得到风险投资后，才决定正式加入，为其分配股权时，应该将其划分为首批招募的员工，并分配给相应的股权。

在股权分配问题上，绝对不能采用平均主义。在很多情况下，初创企业的创始人往往是关系较为亲密的同学、同事、亲戚等，在股权分配上热衷于采用评分股权的方式，起初由于企业更加专注于产品及开辟市场，可能不会出现太大的问题，但这会为企业后续的发展埋下祸根。

平分股权会为企业带来诸多隐患，未来股权激励政策所需要的股权来源，融资后企业的控制权，为企业创造价值不同却股权相同所引发的心理失衡等，这些都可能成为一家企业走向衰败的重要因素，西少爷肉夹馍的创始人之一宋鑫被驱逐后，创立新西少进行反击的案例值得每一个采用平分股权的企业引以为戒。

加入企业的时间也是配股时需要考虑的一项重要因素，在企业刚成立时加入，和发展壮大时加入承担的风险存在明显差异，尤其是在我国创业成功率不到1%的背景下，较早地加入创业公司更需要承担较高的风险，创业公司失败给组织成员带来的不只是金钱损失，岗位转型恐怕是最大的痛点。所以，在岗位性质、业绩表现等方面差异不大的前提下，较早加入创业公司的员工应该获得更多的股权。

我在对很多创业团队进行调查中发现，很多创始人在相互讨论的时候也会有意回避股权分配问题，用"先做事其他好商量"等类似的话来敷衍，如果创始人比较多的话，有关这个问题的讨论就更加困难。

因此很多创始人往往都会犯这样的错误，不能在第一时间将股权分配的问题讨论得明明白白，并且白纸黑字记录下来，以至于往后这个问题碍于面子和关系更难讨论和解决。随着创业项目的大获成功，每个人都认为自己在项目成功中发挥了重要的作用，再来讨论股权分配就更难了，很多人都会认为自己付出的艰辛并未得到相应的回报而失去工作动力和热情，严重的话可能会直接导致团队的破裂。

因此，关于股权分配问题应该在达成合伙关系初期，还未正式开始做事之前就应该讨论清楚并达成一致。

◎ 原则4：股份绑定，分期兑现

当然，仅仅就股份的分配比例达成一致还不够，还应该确保每一个人在拿到股份之后仍能够保持之前的工作热情。创业公司股权的真实价值是合伙人与公司长期绑定在一起，通过长期为公司提供服务来获取股权，也就是根据创始团队成员的工作年限逐步兑现股权。其背后蕴含的道理非常简单，创业公司的成长与成功是所有人共同努力的成果，如果某员工不再为公司服务，就不应该再继续享受其他员工创造出来的价值。

在美国，初创企业对创始人持有的股票都设置了股权绑定机制，按照创始人在公司工作的年数或者月数逐渐对股权实现兑现。创始股东只有在公司工作满一年之后才能持有股份。

一般情况下,股份绑定计划有一个4~5年的执行周期,所有员工要想获得公司股份,至少要在公司工作满一年,随着工作年限的增加,可以逐渐兑现相应的股份。没有股份绑定条款的约束,公司不能给任何人分配股份,否则很有可能使公司的利益受损。例如,如果公司按照4年期股份绑定,第一年给25%,那么接下来每一年都可以兑现25%。

而中国的创业公司却鲜少有进行股权绑定的,这也就埋下了很多隐患,甚至最终导致创业失败。在中国我们可以看到这样一种情况:几个创始人为了创业项目没日没夜地工作,一年后来了几个合伙人只在公司工作两个星期之后就离开了,在离开的时候还认为自己仍然拥有公司25%的股权,也就是说没有"股权绑定"条款,创始人将公司股份分配给谁都有可能为公司的发展带来威胁。

此外,进行"股权绑定"还有一个重要的作用:可以平衡合伙人之间股份分配不公平的状况,如在刚开始订立的股权分配中,大多数是在没有经过深思以及权衡的状况下做出的决定,而后随着创业项目的发展可能会发生合伙人的贡献与其所拥有的股权不匹配的现象。如握有较少股权的甲为项目做出的努力和贡献要高于拥有更高股份的乙。为了平衡双方之间的股份,董事会可以与甲、乙两人进行商议,并最终将双方还未vest的股份进行重新分配,这样的结果对甲、乙两人来说都比较容易接受。

Vesting可以称得上是一种比较公平的方法,因为合伙人都应该明白一点,创业公司是由大家付出努力和心血一点一点地创立起来的,付出最多的人就应该得到相应的回报,从而避免有些投机取巧的人离开公司后还拥有公司的股权。

没有遇到过股权纠纷的创业者认为,vesting可能会影响自己对公司股权的拥有，担心自己在项目中如果不能发挥价值就会失去自己的股份。而那些有过股权纠纷的人会在项目开始的时候就与合伙人协商vesting 的方式，以避免类似股权纷争事件的发生。

"契约精神"是股权分配中一种最核心的精神，是合伙人在内心以及精神层面达成的一致追求。在创业团队看来，在明确股权分配之后，相应的利益分配机制也就明确了，如果不考虑后期机制调整的话，每一个合伙人在项目运作中做出的努力以及贡献与股权比例是没有关系的，大家对自己最基本的要求就是尽最大努力推动项目的开展。

对于早期的创业者来说，大家应该始终明白这样一个道理：如果创业项目能够获得成功，那么即使只有1%的股份也要比在失败的创业项目中拥有100%的股份值钱得多，因此创业团队成员应该始终坚持一个信念，就是朝着成功的目标不断努力，让自己手中的股份拥有更高的价值。

◎ 原则5：牢牢把握公司控制权

由于创业公司在资源方面相对比较匮乏，为了加快企业的发展进程，很多创始人会寻找多位投资人进行投资，再加上许多创始人对股权价值认识不足，未能建立起完善的股权分配机制，很容易将较大额度的股权分配给投资人及被实施股权激励的员工，随着融资次数的增加，股权稀释情况会越发严重，这可能会导致创始人彻底丧失企业控制权。

在每个创业公司的创始人团队中往往存在着一个核心领袖，其风格及特点会对企业的发展带来诸多影响，但在企业经历多轮融资及实施股权激励后，创始人的股权或大幅度缩水。如果没有采取相应的措施，很可能会让企业陷入股权斗争的旋涡中无法自拔，而且这种股权比例分散、企业管理者持股不多的企业也正是那些资本大鳄们觊觎的主要目标。

投资机构在考察目标企业时,对其股权结构持有较高的关注度。清晰而明确的股权结构也是企业准备上市时的基本条件。创业团队在企业进行融资前必须对股权机构进行有效调整,在保留自身控制权的同时,也能为投资方预留出足够的股权。

企业需要注意的是,多轮融资所引发的股权稀释很可能会导致核心管理层丧失企业控制权。一旦企业创始人之间在企业发展的某个维度上出现分歧,这种问题本来通过创始人团队的内部沟通就可以有效解决,但在投资人的干预下,经过多年建立的创始人团队很可能会分崩离析,苹果创始人乔布斯在1985年不堪企业控制权被董事会架空而出走的案例就是很好的证明。

在股权结构设计上,社交巨头Facebook采取的是双重股权结构,而电商巨头阿里则采用的是合伙人制度,这都能确保企业核心管理层拥有企业的绝对控制权。虽然软银是阿里的最大股东,但在阿里巴巴的发展上其并不具备太多的话语权。

2016年7月,第五次举牌的宝能已经拥有万科25%的股权,距离可以发布要约收购的30%仅差5%,距离万宝华之争结束的时间越来越近,造成这种局面和万科股权大量分散在散户手中有直接的关联。

从我国法律角度来看,国内企业必须做到同股同权,类似Facebook这种双重股权机构的设计方案并不具备落地基础,但通过一些处理企业创始人完全可以像阿里一样用少量的股权控制企业的发展和运营,例如,有限责任公司可以在投票权上进行限制;股份有限公司则可以采用股东授予其他股东投票权的方式;有限合伙企业可以让拥有少量股权的股东掌握企业控制权等。

当然,投资方为了避免由于企业创始人的独断专行使企业走向失败,而导致自己蒙受较大损失,很可能会阻止创始人掌握太多的企业控制权。所以，在融资过程中企业创始人能否拥有企业的绝对控制权，还要看其在与投融资机构进行谈判时所拥有的话语权。

◎ 原则6：股权分配的注意事项

股权分配设计有两大原则：第一，股权分配要形成合理的股权结构，保证创始人能有效地掌控公司；第二，股权分配要能为公司争取到实力强大的投资人与合伙人，能帮公司获取更多的资源。

◆ 股权分配规则尽早落地

在创业初期，公司的全体员工都在为公司的建立与发展艰苦奋斗，不会考虑自己能获得多少股权，要以何种方式获得股权。在这个时期，对于公司员工来说，股权就是一张"空头支票"，毫无吸引力。但是在公司发展逐渐步入正轨，发展前景越发清晰，公司价值越来越大时，公司创始人、合伙人、早期员工就会非常关心自己能获得的股份。如果公司在这种情况下才对公司的股权分配问题进行考虑，就会导致股份分配难以满足所有员工的预期，激化团队的内部矛盾，对公司发展产生不良影响。

◆ 股权分配机制

一般情况下，公司持股人有3类，分别是公司合伙人、员工与外部顾问、投资方，其中公司合伙人包括公司创始人与联合创始人。在创业早期设计股权结构时，要保证股权结构能为后期融资、人才引进、员工激励提供方便。

在有投资机构准备注入资金后，投资方会要求公司创始人在资金注入前预留一部分股权作为期权池，从而为后进入公司的员工分配股权，为公司股权激励措施的开展提供支持,以免投资人的股份被稀释。一般情况下,这部分股权由创始人代持。

另外,在投资进来之前,原始创业股东也会按照公司一段时期内的融资计划,留出用来进行后续融资的股权与用来吸引人才、激励员工的股权,将其放入股权池。原始创业股东根据事先协商好的比例对剩下的股权进行分配,股权池中的股权交由创始人代持。

◆ **合伙人股权代持**

在创业初期,团队某些核心成员离职会引发股权变更,为了减少这种情况的发生,有些创业公司在工商注册时会采用合伙人股权代持方式,将一些股东的股权交由一部分股东代持来进行工商注册,等团队稳定下来之后再将其分配给相应的股东。

◆ **少拿或不拿工资的合伙人是否应多分配股份**

在创业初期,很多创业团队的员工都不拿工资或拿很少的工资,而有的合伙人根据自己的实际情况需要拿工资。面对这种情况,很多人认为公司应给不拿公司的创始人分配更多股权,以回报他在创业初期不拿工资之义举。但事实上,对于创业初期不拿工资这一举动所产生的价值,没有人能对其做出精准地衡量,也无法计算出公司应为此分配给他多少股份。

为了更好地回报不拿工资的创始人,最好的方法是记工资欠条,在公司步入正轨,财务逐渐宽松之后,根据欠条给这些创始人补发工资。

除此之外,还有一个问题可以采用这种方法解决:如果某创始人为公司做出了突出贡献,如发明了一项专利,公司也可以采取这种记欠条的方式,以溢价的方式开欠条,待公司资金宽裕之后再根据欠条予以补偿。

Part 2

股权融资篇

第 4 章　我国企业股权融资的路径选择

◎ 路径1：股权质押融资

由于企业性质、发展情况、融资目标、战略规划等诸多因素的差异，导致其在融资时会选择差异化的融资方式。找到真正适合自身的融资方式，有助于企业充分发挥自身的优质资源，降低融资风险，并对管理层产生良好的激励效果。

企业融资方法多种多样，股权融资仅是其中的一种。近年来，采用股权融资获取资金的中小企业越来越多，其中最常用的股权融资方式有四种，分别是股权质押融资、股权增资扩股融资、股权交易增值融资、股权私募融资。

在市场体系与监管制度不断完善的背景下，产权市场为融资者与投资者提供了一个日渐成熟、完善的交易平台，吸引了众多中小企业进入。这些企业通过股权融资获取资金，解决融资难题。

股权质押融资是指质押人以自己所持股权为质押标的物，将其出质给银行或其他金融机构，以获取贷款的融资方式。中小企业以股权为质押物进行信贷融资，能使融资成功的概率大幅提升。

过去，中小企业债权融资的主要方式是将不动产抵押给银行或其他金融机构来获取贷款。因为很多中小企业没有足够的实物资产可抵押，政府为了增加这些企业成功融资的概率，便提出了股权质押这种融资方案。

股权质押融资将静态的股权资产动态化，为中小企业的融资难题提供了有效的解决方案。但是，这种融资方法也面临着很多制约因素：第一，缺乏政策引导及权威性的指导文件；第二，非上市公司股权交易市场尚未形成，以市场为依托的股权定价机制无法形成，非上市公司的股权价值无法得到科学评估；第三，银行参与度较差，不愿为中小企业发放贷款。

在这种情况下，政府非常有必要在产权市场的基础上建立一个成熟的非上市公司股权托管运行市场。这个市场有六大功能，分别是：

（1）填补股权质押融资市场上的监管空白，维护股东权益；

（2）构建成熟的区域股权交易市场，引导股权规范流动；

（3）增强企业股权的公信力，拓展融资、投资渠道，增强对社会资本的吸引力；

（4）构建基础性资本市场服务体系，推动资本有序运作；

（5）扩大企业知名度，创造条件让企业公开发行股票，进而上市；

（6）让企业管理更加透明，增强信息的对称性，预防非法集资活动出现，使整个金融环境得以改善和净化。

股权质押融资要以托管为前提，以非上市公司股权托管平台为基础，打造一套有效的对接机制让托管机构、银行、企业可以实现无缝对接，打造一套科学的评价体系对企业信用及股权质地进行甄别，建立健全股权交易市场，让出质人以所持股权为质押标的物，如果债务人到期无法偿还债务，债权人（银行或其他金融机构）就可以根据约定就股权折价接受赔偿。通过这种方式，债权人的融资风险能有效化解，质押人融资的目的也能实现。

◎ 路径2：股权交易增值融资

企业发展往往要经历4个阶段，分别是家族式企业、家族控股式企业、现代企业制度、私募股权投资，每个发展阶段都会涉及资本流动与增值问题。企业为了吸引资本与人才，实现进一步扩张与发展，可以通过溢价出让部分股权。

例如，一家家族式企业，出资人就是企业的管理者，参与企业的生产劳动。但是，因为家族式企业对社会资本与人才持排斥态度，在达到一定规模之后再难做大做强。面对这种情况，经营者就要将企业资本折成股份，出让其中的一小部分，以达到吸引社会资本与人才，实现进一步发展的目的。

具体来看，这一做法能产生两种作用：第一，汇聚受让股权的中小股东，为其分配一定的股权，同时让其承担一定的风险；第二，保证家族控股，以法人代表的身份，按照法人财产权的形式对中小股东所持资本进行调配，让其为拓展企业规模服务，同时企业本身不为这些资本承担风险，最终让企业朝家族控股式企业发展转变。

通过资本集中获取大量资源，家族控股式企业可以进一步拓展经营规模。假设，企业成立之初的注册资本为1元/股，经过一段时间的运营，企业的资产规模进一步扩大，所有者权益进一步增加，股价从1元/股增长到了5元/股，企业最初的1000万元也就变成了现在的5000万元。

在这种情况下，企业就可以对外出售部分股权。需要注意的是，股份公司的股东数量不能超过200个，有限责任公司的股东数量不能超过50个。以股权交易增值融资获取资金实现扩大再生产，1元/股的股票可以按照4元/股甚至更高的价格出售。当然，经营者也可以将公司股份送给优秀员工，以激发员工的工作热情，创造更多的价值。

在此阶段，家族丧失了对企业的绝对控股权，出资人根据出资额对企业债务、债权承担有限责任，由股东会、董事会、经理层、监事会构成的法人治理结构由此形成，劳动者签订劳动合同，依法上岗，现代企业制度就此建立。

现代企业制度满足了企业大规模发展的需求。但是，随着企业规模进一步扩大，朝着全球化、信息化不断发展，其所面临的股东权利泛化、内部人控制问题也会越发严重，这些问题将会为企业带来巨大的信用危机。在这种情况下，企业就会顺理成章地进入私募股权投资阶段。

私募股权投资是指一种向非上市公司股权投资的投资方式。基金管理公司以股权的形式将基金投给标的企业，企业以股权换取资本，在规定时间完成约定任务之后，股东可以按事先约定好的比例与价格从基金管理公司受让、增持股权。通过这种方式，企业不仅解决了融资问题，还提升了内部管理水平，解决了企业长期以来存在的弊病，使企业价值得以迅速提升。

根据企业发展的四个阶段，相较于债权融资与银行贷款，股权交易增值融资能更直接、更快速、更有效地应对企业信用与还款期限等方面的限制，能有效促进企业扩张性发展，使社会资本的流动性与增值性得以大幅提升。

◎ 路径3：股权增资扩股融资

增资扩股又叫股权增量融资，隶属于权益性融资，股份公司与有限责任公司经常使用这种方式融资。从资金来源方面来看，企业增资扩股有两种形式，一是外源增资扩股；二是内源增资扩股。

外源增资扩股以私募的方式从国内外引入战略投资者与财务投资者，使公司的资本实力得以有效增强，推动公司的发展战略有序实现，使行业资源实现优化整合。内源增资扩股是通过公司原有股东加大投资来增加企业资本，股东加大投资之后股权比例也许会变，也许会保持不变。

一般情况下，有限责任公司的增资扩股是指公司加大注册资本，公司原始股东优先按照实际缴纳的出资比例认缴出资，如果公司股东协商一致决定不优先认缴出资，就由新股东出资认缴，来增加企业资本。股份有限公司的增资扩股是指企业面向特定群体发行股票募集资金，以原始股东增加投资或者新股东投资入股的方式增加企业资本。

相较于其他融资方式，增资扩股融资有以下优点：

（1）能使公司的股本规模进一步扩大，使公司实力与影响力进一步提高，使公司的资产负债率大幅下降，使公司的资本结构得以优化，使公司的信誉度得以大幅提升。

（2）以股权募集资金，所得资金完全属于企业的自有资本。相较于债务资本，自有资本能提升企业信誉，增强企业的借贷能力，进一步拓展企业生产规模、增强企业实力。同时，企业还不用承担还本付息的风险，只要企业存在，资本就属于企业。

（3）通过吸收直接投资不仅能获得现金，还能获得先进的技术与设备。相较于筹集现金这种融资方式，吸引直接投资能使企业的生产经营能力快速形成。

（4）以增资扩股推动企业改制，在这个过程中产权能不断明晰。在外部股东加入之后，企业可以利用外部股东的管理经验改进公司的管理结构，建立完善的激励与制约机制。

（5）企业可以根据自己的经营状况决定向投资者支付多少报酬。也就是说，如果企业经营状况较好，企业就可以向投资者多支付一些报酬；如果企业的经营状况较差，就可以不向或者少向投资者支付报酬。这种灵活的支付方式减小了企业固定支付的压力，降低了财务风险。

（6）增资扩股这种融资方式不仅能使企业的净资产增加，还能使企业的现金流量增多，能帮助企业增加固定资产投资，提升产能，增加销售收入与净利润，加速企业发展，推动企业上市。

◎ 路径4：私募股权融资

私募股权融资是指以股权转让或增资扩股的方式引入特定投资者，通过增加新股东来获取新资金的融资方式。这里需要注意两个问题：第一，引入的特定投资者的数量不能超过200人；第二，私募是相对于股票公开发行来说的。这种融资方式有三大优势：

（1）手续简单，企业无须抵押或担保就能在最短的时间内获得所需资金。

（2）对于投资的企业，私募股权投资者会积极参与企业管理，为企业提供力所能及的咨询与支持，形成良好的内部投资者机制，为企业发展提供具有前瞻性的战略指导，推动企业快速成长、迅速成熟。

（3）企业通过对募集到的资金进行有效运作，能使生产规模进一步扩大，生产成本大幅下降，企业资产不断增加，融资渠道有效拓展，以获得更多外部支持，使企业外部形象与内在价值得以双提升。

私募融资的优势逐步得到了政府部门的关注，这种融资方式也得到了政府部门的支持。国家体制改革委员会于1992年5月发布了《股份有限公司规范意见》，规定募集公司可以通过配给的方式向员工发放股权证。在此之后，国内各省市都相继发布了相关文件为私募股权融资的发展提供支持。

私募股权融资的发展不仅需要政策支持，还需要市场支撑，产权交易市场恰好为其提供了有效支持。通过产权市场，私募股权投资者既能及时发现有投资价值的标的企业，又能迅速退出，不仅能使运作成本与交易费用得以显著降低，还能使投资标的范围与发展空间得以有效拓展。

现如今，国内很多省市都在探索私募股权融资的开展方法，从而将市场融资功能充分发挥出来，满足企业的融资需求。

例如，天津股权交易所面向中小企业与创新型企业的特点与需求，推出了一种全新的融资模式，具有小额、快速、多次、低成本的特点，备受企业与政府青睐。其中，小额指的是单次融资额度为1000万~2000万元，核心目标是满足企业实际融资需求；快速指的是每次融资只需3~4个月就能完成；多次指的是企业可根据实际需要一年融资多次；低成本指的是在主板上市成本中，融资成本所占比例为1/5~1/3。

该模式推出一年多时间，天津股权交易所已有10多家企业成功融资，融资总额超过了5亿元，市场直接融资功能初步具备。

在国内，私募股权融资发展最早的一个地区就是广州。近年来，私募股权融资投资者在广州产权交易市场共完成了121宗交易，资产总额达到304亿元，项目涵盖了汽车工业、高新技术、化工等多个领域。

综上所述，在产权交易不断市场化，产权交易业务领域不断拓展的情况下，国内企业，特别是国内的中小企业早已将产权市场视为重要的投融资平台。在该平台，企业经营者无论选用哪种融资方式，都能从中获得充足的信息，为股权融资提供多样化的服务。同时，在公开、公正的产权市场上，无论是资本进入还是资本退出都能获得正规、合法的渠道，保证资本能够实现保值增值。

第 5 章 企业融资的估值模型与实战方法

◎ 模型 1：P/E 估值法

一般来看，公司估值方法可分为两类，一类是以乘法为主要特点的相对估值法，这种方法比较简单，主要包括 P/E 估值法、EV/EBITDA 估值法、P/B 估值法、PEG 估值法、市销率估值法、RNAV 估值法、EV/销售收入估值法；另一类是以折现法为主要特点的绝对估值法，这种方法主要包括股利贴现模型、自由现金流模型等。

P/E（市盈率），是一个相对指标，反映的是市场对公司的收益预期。市盈率指标的使用要从两个相对的角度切入，一是该公司动态市盈率与静态市盈率的相对变化，或预期市盈率与历史市盈率的相对变化；二是该公司的市盈率与行业平均市盈率的对比。

如果某公司的市盈率比行业平均市盈率高，就说明市场预测该公司的盈利水平将升高，反之就说明市场预测该公司的盈利水平将下降。因此，要以相对的眼光看待市盈率的高低，并不是市盈率高就不好，低就好。

使用 P/E 估值法对公司进行估值需经过 3 步：第一步，计算出公司每股的收益；第二步，根据二级市场的平均市盈率、同行业公司股票的市盈率、公司经营状况等因素拟定市盈率；第三步，以市盈率与每股收益的乘积为依据确定公司估值。在拟定市盈率环节要注意一点，非上市公司的市盈率要按照可比上市公司的市盈率打折。

从理论上来讲，使用P/E估值法对公司进行估值，绝对合理股价P = EPS（每股盈余）×P/E（市盈率）；股价取决于EPS与P/E之积。在其他条件不变的情况下，EPS预估的成长率越高，P/E值就越大，绝对合理股价就越高。高EPS成长股的合理P/E比较高，低EPS成长股的合理P/E比较低。

所以，当EPS的实际成长率比预期低时，合理P/E值就会下降，二者的乘积就会变小，股价会随之受到严重的影响。所以，在公司的实际成长率比预期高或低时，受P/E估值法乘数效应的影响，股价会呈现出暴涨或暴跌现象。由此可见，市盈率高并不一定好，其好坏要依净利率而定。如果公司的净利率只有几十万元，或者公司每只股票的收益只有几分钱，则市盈率越高就说明公司面临的风险越大，这类股票的投资就要万分谨慎。

从实践的角度来看，只有在市盈率与公司每股收益增长率相等或前者比后者低时，才能购买其股票，进行股权投资。这就说明，如果某公司的每股收益增长率是10%，用户支付的购买价格最多比这个收益高出10倍，当然该做法有一个前提条件，就是一家增速较快的公司的价值比一家增速较慢的公司的价值大。该情况产生了一个结果，就是一个高市盈率成交的股权价格不一定比低市盈率成交的股权价格高。

P/E估值法的使用有一定的环境限制，要在比较完善的证券交易市场上使用，要有可以对比的上市公司，市场要按照平均水平对这些资产进行科学合理的定价。现如今，我国证券市场还在完善，市场价格还不能对公司价值做出有效的反映，P/E估值法的使用环境尚未成熟。从盈利性、整体性、持续经营性、风险等方面来看，高科技企业与传统企业的差异较大，所以使用 P/E 估值法对高科技企业估值时一定要具体问题具体分析。

◎ 模型 2：P/B 估值法

P/B 指的是市净率，是从公司资产价值的角度对公司股票价格进行评估的基础，比较适合对银行、保险公司等企业的股票价格进行评估。

P/B 估值法的使用同样要经过三步：

（1）根据经过审核的净资产对公司每股净资产进行计算；

（2）以二级市场上的平均市净率、同类行业公司股票的市净率、公司的经营状况、净资产收益率等因素拟定发行市净率；

（3）企业的具体估值就是发行市净率与每股净资产之积。具体公式是：

合理股价 P = 每股净资产 × 合理市净率

第二步同样要注意一点，就是非上市公司的市净率要按照可比上市公司的市净率打折。

市净率 P/B 代表了每股股价和每股净资产的比值，在股票投资分析中被广泛应用。如果从 P/B 的英文 "price to book value ratio" 的直译来看，它代表的是每股股价和每股账面价值的比值，而我们知道，账面价值 = 总资产 − 负债 − 无形资产 − 优先股权益，也就是公司清算的每股价值。

当公司进入清算程序时，需要先偿还债务，无形资产价值被大幅度削弱，然而再是优先股，不过由于目前我国证券法律不承认优先股，所以，在 P/B 中可以用每股净资产取代每股账面价值。本质上，P/B 是一种基于资产估值理论的估值方式，而经常使用的市盈率 P/E 估值则是基于企业经营能力的估值方式，后者强调企业本身的盈利能力决定了其市场价值。

通常而言，P/B 在重资产型企业估值中的应用往往有良好的效果，对于这种类型的行业或企业，企业的经营业绩和其资产存在密切关联，银行、房地产、投资公司等是其典型代表。发展相对成熟的企业用 P/B 进行估值也有不错的实践效果，因为企业相对成熟，各个方面较为完善，可以快速精准地估算出其资产价值。

显然，用 P/B 对智力密集型及品牌价值企业进行估值并不适用，以咨询公司为例，咨询机构的有形资产仅是简单的办公用品。对研发较为依赖的企业也不适合采用 P/B 进行估值，因为企业投入的海量研发资金属于账面资产，但其带来的收益却具有较高的不确定性，可能全部亏损，可能创造数百倍甚至数千倍的利润，互联网企业就不宜采用 P/B 估值。

使用 P/E 进行估值最大的阻碍是，企业可以对盈利数据造假，投资方很难轻易发现其中的问题，所以，很多投融资机构更倾向于使用 P/B 对目标企业进行估值。

◎ 模型 3：P/S 估值法

P/S 即市销率，该指标可以用来对股票相较于过去业绩的价值进行判断，对一个市场板块或整个股票市场的相对估值进行确定。P/S 值越小表示股票的投资价值越高，因为投资者可以用少于单位营收的钱来购买股票。

不同的市场板块，其市销率也有很大的差别，因此在对同一市场板块或子板块的股票进行对比时，市销率的作用能在最大程度上发挥出来。同样，因为企业的营业收入不易操控，所以相较于市盈率来说，市销率更有业绩指标性。但市销率无法将企业的整个经营状况反映出来，因为企业存在亏损的可能。由于没有市盈率做参考,所以,投资者经常用市销率对亏损公司的股票价值进行评估。在互联网公司大面积亏损的年代,市销率经常被用来对互联网公司的价值进行评估。

P/S 估值法有很多优点,如销售收入稳定、波动性较小;折旧、非经常性支出、存货等因素对营业收入的影响较小,营业收入不易操控;收入不会为负,没有意义的情况不会发生,即便净利润是负值也可以正常使用。因此,P/A 估值法可与 P/E 估值法互为补充。

当然,P/S 估值法也有很多缺点,如无法将公司的成本控制能力反映出来,即便成本、利润发生了很大变化,销售收入也不会受到影响,市销率也不会发生改变;随着公司销售收入的增加,市销率会下降;企业的营业收入越高,其市销率就越低。

◎ 模型4:PEG 估值法

PEG(市盈率相对盈利增长比率)估值法是 P/E 估值法进化发展的产物,它对市盈率与企业成长率做了结合,有效地解决了 P/E 估值法无法对企业的动态成长性进行评估的问题。

在现实生活中,大多数公司的投资收益、营业外收益都不稳定,还有一些公司经常借投资收益对净利润指标进行操控,为了保证企业估值的稳定性,我们用"税前利润增长率/营业利润的成长率/营收的成长率/每股收益年增长率"来代替净利润增长率。

借助 PEG 估值法,投资者能对企业股票现价的安全性进行计算,能对企业未来盈利的确定性进行预测。如果 PEG > 1,说明股票现价比实际价值高,或市场认为这家企业的业绩成长性比市场预期高;如果 PEG < 1,说明股票现价比实际价值低,股票价值被低估。

一般来说,企业上市之后,成长型股票的 PEG 在 1 之上,有的还能超过2。投资者愿意高估股票的价值，说明未来这家企业的业绩很有可能保持快速增长，在这种情况下，股票的市盈率估值很有可能超乎所有人想象。

使用PEG估值法对企业进行估值，至少要判断3年的业绩增长情况，在这种情况下，对企业估值做出准确判断的难度就会更大。事实上，只有投资者能准确地对企业未来3年甚至更长时间的业绩做出预测，PEG估值法的效果才能显现出来，否则将对企业产生误导。

另外，投资者不能仅凭公司自身的PEG值来判断其是否被高估，还要结合同行业其他公司的PEG水平。假如某公司股票的PEG是12，同行业其他公司股票的PEG都大于15，虽然该公司的PEG＞1，但其价值仍存在被低估的可能。当然，投资者也不能仅凭PEG来判断公司的估值，除PEG之外，投资者还要对国际市场、国家产业政策、宏观经济、行业现状、股市的不同区域、资本市场阶段热点、上市公司盈利增长的持续性及其内部情况等因素进行综合考虑，做出更加准确的判断。

◎ 模型5：EV/Sales估值法

EV/Sales——市售率，市售率越高，股票的相对价值就越高。如果对市售率进行评分，分数区间为0～100，评分越高，其对应的股票价值也就越高。

市售率是每股股票价格与每股股票销售额之间的比值，能将创业板上市公司的潜在价值反映出来。因为在竞争激烈的市场环境中，公司的生存能力、盈利水平受公司所占市场份额的影响越来越大。所以，投资者经常用市售率来对上市公司股票价值进行评价，其基本模型如下：

（1）指标具有可比性。即便公司盈利少或者未盈利，但公司的任何销售收入都是正数，所以，市售率指标也是正数，因此具有可比性。

（2）指标具有真实性。折旧、存货、非经常性支出等会计方法都不会对销售收入产生影响，所以指标不会受人为干扰，比较真实。

（3）指标具有持续性。面对一些季节性因素产生的干扰，公司可以采取降价的方式来保持销售额，所以销售收入比较稳定。

（4）指标具有预测性。市售率指标能对那些短期运营困难，但有着旺盛生命力与超强适应力的公司进行有效识别。对于那些目前盈利较少，甚至负盈利，但销售额在快速增长，有着良好发展前景的高科技公司，市售率可对其未来的发展前景做出准确预测。

从原理与方法来看，市售率与市销率没什么区别，其主要功能是在投资者预计未来某公司的利润率能达到甚至超过行业平均水平的情况下，对利润率暂时比行业平均水平低，甚至处于亏损状态的公司的价值进行衡量。

之所以要使用销售收入，是因为销售收入是市场份额与公司规模的反映。如果公司能改善运营状况，其利润率就能达到行业平均水平或预期水平。这个指标只能用来对同行业内的公司进行比较，将比较结果与业绩改善预期结合得到一个合理的倍数，这个倍数与每股销售收入的乘积就是公司的目标价。

◎ 模型6：EV/EBITDA 估值法

20世纪80年代出现了杠杆收购潮，在这个时期，EBITDA（税息折旧及摊销前利润）首次在资本市场上广泛使用。当时，大部分投资者都将其用来对公司的偿债能力进行评估。后来，EBITDA在核电、酒店、物业等行业评估方面的价值逐渐显现出来，这个概念开始在实业界流行开来。核电、酒店、物业等行业有一个共同点，就是前期投入非常大，这些投入必须经过很长一段时间才能摊销，使用其他的估值方法无法对其进行准确的估值。现如今，EBITDA已深受上市公司、分析师、市场评论家们的喜爱。

最初使用EBITDA估值法的公司是私人资本公司，它们不对利息、折旧、税项、摊销等因素进行考虑，因为它们要用自己心目中的精确数字取而代之；它们将利息、税项移除，因为要使用自己的方法计算税率，要使用随新资产结构产生的算法对财务成本进行计算。

而EBITDA将摊销与折旧排除在外，是因为摊销并没有涵盖投资者关心的当期现金支出，反而容纳了在会计期间为无形资产所支付的成本；折旧是以间接的方式对过去资本支出所做的衡量，将折旧剔除之后，投资者能在未来资本支出估计方面投注更多的目光，不会再对过去的沉没成本予以过多关注。

所以，人们经常将EBITDA与现金流放在一起进行比较，因为它与净收入之间的差距就是折旧与摊销。但是，因为EBITDA没有对补充运营资金及设备重置的现金需求进行充分考虑，没有将调整的非现金项目包含在内，所以不能简单地将EBITDA与现金流相提并论，否则，企业很容易走进误区。

EV/EBITDA最初被用来对公司的收购兼并进行定价，现如今被人们用来评估公司价值，对股票进行定价。这里的公司价值是指业务价值，而不是资产价值，也就是购买一家能实现持续运营的公司需要付出的资金，其中不仅有对该公司盈利的估值，还有需要为该公司承担的负债的估值。在某些人看来，企业价值是指市场化程度更高、准确度更高的公司价值标准，其衍生出来的估值指标可以被用来对股票进行定价，这些指标包括EV/销售额、EV/EBITDA等。

其他的融资估值模型与方法

◆ RNAV 估值法

RNAV——重估值资产，其计算公式是：

RNAV =（物业面积 × 市场均价 – 净负债）÷ 总股本

由此可见，物业面积、市场均价、企业负债都会对 RNAV 值产生影响。房地产企业或拥有大量物业的公司适合使用这种方法估值。其意义是：按市场价计算，公司的现有物业价值几何，如果购买该公司花费的钱比它低，就说明在二级市场上该公司的股票被低估。

从市场化的角度对企业各资产的价值进行分析，从资产价值的角度对公司内在的长期投资价值进行解析。与 RNAV 值对比，如果股价低很多，就说明相较于公司的真实价值，股价被低估。如果公司的资产负债率过高或者股本太大，RNAV 值都会大幅降低。

◆ DDM 估值法

在绝对估值法中，DDM 模型是基础模型，DCF 估值法也借鉴了很多 DDM 估值法的逻辑与算法。从理论上来说，如果某公司将所有的自由现金流都拿来支付股息，DDM 估值法与 DCF 估值法就不存在本质区别。但事实上，分红率无论高低，股息都不可能与自由现金流相等，其原因在于：

（1）基于稳定性要求，未来公司是否有能力支付高股息是个未知数。

（2）未来继续投资的需要。如果公司未来有投资计划，就要保留一部分现金应对融资不便或融资昂贵等情况。

（3）受税收因素的影响。国外个人所得税与资本利得税的征收使用的是较高的累进制。

（4）信号特征。公司股息上升，表明公司发展前景良好；公司股息下降，表明公司发展前景黯淡。

国内上市公司的分红比例较低，分红比例与分红数量不稳定，这个局面在短期内很难改变，所以，DDM 模型不合适中国企业使用。

◆ DCF 估值法

目前，DCF 估值法的应用范围最广，该方法创建了一个严谨的分析框架，对影响公司价值的各个因素做了系统考虑，最终对公司的投资价值做出正确评估。虽然 DCF 估值法汲取了 DDM 估值法的很多算法与逻辑，但二者有本质区别：DCF 估值法计算的是自由现金流，而不是股利。

公司自由现金流（Free cash flow for the firm），指的是公司产生的，去除再投资所需、维持公司持续发展所需、各资本供应者（也就是各种利益要求人，如股东、债权人等）分配所需之后剩余的现金。

◆ NAV 估值法

NAV 指的是净资产值，NAV 估值法是地产行业使用范围最广、使用频率最高的估值法。假设产品销售价格、开发速度与折现率维持在某一水平，企业当前储备项目的现金流折现价值减去负债就是 NAV。具体来看，在未来销售过程中，现有开发项目及土地储备项目形成的净现金流折现值减去负债就是开发物业的净资产值；按照预先设定资本化率对当前项目的净租金收入进行折现，折现后的价值减去负债就是投资物业的净资产值。

NAV 估值法为企业估值设置了一个底线，这是其优势所在，国内很多地产公司都适合使用这种估值法进行估值。并且，NAV 估值法对预期价格变化、投资人回报率、产品开发速度等因素都做了充分考虑，其结果更加准确。当然，NAV估值法也有一些缺点，如它只对企业当前有形资产的价值做了评估，没有对品牌、经营模式、管理能力等方面的差异做过多考虑。

NAV估值法的流行掀起了地产企业土地储备热潮，很多地产企业都加入了土地储备竞赛，大肆储备土地，甚至还形成了一种新的生存模式：储备土地—扩大市值—融资—储备土地。

◎ 巴菲特如何给企业估值

价值投资的基本逻辑在于，在股票价格低于企业实际价值时，以较低的价格购入股票，当股票价格上涨之后卖出，从而获取较高的利润回报，巴菲特曾经提到的"以40美分的价格买入价值1美元的股票"就是对这种逻辑很好的概括。

在进行价值投资前，我们需要对投资标的进行精准估值，这一环节直接决定了价值投资最终是否获益。投资者在市场中发现颇有发展前景的目标后，为了确保最终盈利，往往会尝试借助各种渠道对目标进行估值，估值的具体思路是：精准评估企业股票的真正价值，然后将其与市场中的股票价格进行对比。对企业进行估值的方法十分多元化，下面将详细介绍"股神"巴菲特所采用的企业估值方法，具体来看，巴菲特对企业进行估值时，主要有3个步骤：

◆ 选模型

企业股票的真正价值也就是内在价值具有十分关键的影响，它是一种以资产、收益、股息、明确发展前景等客观依据为基础的价值，有效降低了人为因素和心理因素的影响。在评估内在价值时，巴菲特会遵循以下两个原则：

（1）现金为王原则

在巴菲特看来，是否对目标企业进行投资应该遵循的唯一标准并非是企业在市场中的竞争力，而是企业的竞争力能否在未来给投资者带来现金回报，也就是对内在价值进行评估必须遵循现金为王原则。

1942年，威廉姆斯（John Burr Williams）在其出版的《投资价值理论》一书中，提出了现金流量贴现模型，巴菲特对该模型给予了高度评价，并将其作为评估目标企业内在价值时使用的标准模型。该模型强调："所有股票、债券或公司的价值，主要是由资产剩余使用寿命期间内，预期可以创造的、通过合适的利率贴现的现金流入及留出。"

现金流量贴现模型的公式为

$$V = \mathrm{Sigma}(D_t \times K_t)$$

其中 V 表示股票的内在价值；D_t 表示在时间 t（t 可取 1，2，3，…，n）内和目标企业股票相关联的预期现金流，简单地说，就是未来以现金形式表示的每股股票产生的股利；K 表示在某种风险条件下现金流的贴现率。

（2）符合投资原则

巴菲特用著名的伊索寓言故事"一鸟在手胜过二鸟在林"，对现金流量贴现模型的重要价值进行了突出强调，他指出，在使用现金流量贴现模型时，投资者应该考虑3个方面的问题：树丛中存在小鸟的概率有多大？小鸟会在何时出现？出现的小鸟有多少只？当然，此处的小鸟指的就是资金。

如果投资者可以给出这三个问题的答案，便能够分析出这片树丛的最大价值，此时，投资者自然也就了解自己最多应该拥有多少只小鸟，才能使自身拥有的小鸟的价值和未来树丛中可能出现的小鸟价值相匹配。

◆ 选标准

事实上，企业财报现金流量表中的现金流量数值，要明显高于实际的自由现金流量。虽然很多投资者也像巴菲特一样使用现金流量贴现模型来评估目标企业的内在价值，但巴菲特使用的最为核心的两大变量——现金流量和贴现率标准，和其他人存在明显差异。

（1）现金流量以所有者收益为标准

巴菲特指出，通过会计准则计算而来的现金流量，和企业真实的长期自由现金流量有较大的出入，而所有者收益则能够很好地反映出企业的自由现金流量。具体来看，所有者收益包括：①报告收益；②损耗费用、折旧费用、摊销费用、其他非现金费用等；③企业为了维持产能和市场竞争力而在设备、厂房等生产资料方面的年均费用。按照会计准则得出的现金流量，不包括第③部分。

从实际情况来看，因为市场的多变性及消费需求变化，确实很难给出③部分的精准数值，最终会影响所有者收益的精准性，但通过对其进行评估，至少能够将目标企业的自由现金流量误差控制在合理范围内，而不是直接使用由会计准则计算出来的错误数据。

（2）贴现率以长期国债利率为准

从现金流量贴现模型的公式来看，贴现率在企业内在价值评估中扮演着非常关键的角色，其数值选取得当与否，将直接影响最终的评估结果。巴菲特选取贴现率的标准是美国长期国债利率，也就是说，当目标企业股票的收益率低于国家债券时，巴菲特宁愿选择购买国债，而不是投资该股票。

◆ 选方法

对目标企业进行估值的难点在于，企业的内在价值是由企业未来的长期现金流决定的，而企业未来的长期现金流有着很大的不确定性，评估的时间段越长，越难保证精准度。所以，绝大多数情况下，企业的内在价值并非是一个具体而明确的数值，而是一个价值区间。巴菲特给出了以下几种对企业进行估值的方法：

（1）坚守能力圈与安全边际原则

为了降低评估企业未来现金流量时的误差，投资者应该遵循两种原则：能力圈原则和安全边际原则。能力圈原则强调投资者应该关注那些自己有能力评估，而且可以进行评估的企业，这种企业的业务具有较高的稳定性，并且相对简单。对于那些超出自身能力范围外的企业，投资者没必要耗费时间与精力对其进行评估。

安全边际原则强调投资者应该在买入价格方面留下足够的安全边际。例如，经过评估后发现，目标企业的股票市场价格仅略低于其内在价值，显然投资者没必要投资该股票。和巴菲特一样，被称为"现代证券之父""华尔街教父"的格雷厄姆同样在投资中严格遵守安全边际原则。

（2）以长期历史经营记录为基础

对企业未来发展精准评估，是建立在企业具有长期稳定的经营历史的基础上，所以，在预测目标企业未来的发展时，对企业的历史盈利数据进行分析就显得非常关键。

巴菲特尤其重视目标企业的经营稳定性，他表示，那些经营方式经过5年甚至10年仍未发生太大变化的企业，往往具备较强的盈利能力。因为这种企业能够在发展过程中对生产工艺、服务水平等进行不断优化及完善，从而在市场中建立强大的领先优势。

（3）以股东权益收益率为最佳指标

每股收益的增加并不能很好地反映出企业价值增值能力，在企业发展过程中，影响每股收益的因素非常多元化，而且企业管理者甚至会人为操控。而股东收益率能够更为有效地衡量企业价值增值能力，它是企业管理者对股东投资资本经营效率的直接体现。当股东权益收益率保持较高的水平时，股东所获得的收益必然会持续增长，进而推动企业股票价格及内在价值不断增加。

重点投资那些保持较高股东权益收益率的知名企业，是巴菲特能够从资本市场中获取惊人财富的关键所在。在巴菲特于1988年借助著名杂志《财富》推出的《投资人手册》中，他对这一点进行了充分说明。

（4）以大量阅读财务报告为基本功

大量阅读企业的财务报告，对提升目标企业内在价值评估精准性，同样具有十分重要的意义。而且投资者需要阅读的企业财务报告，不仅局限于目标企业的财务报告，甚至其竞争对手、合作伙伴的财务报告也要进行研究。

企业财务报告确实是一种企业管理层向投资人展示企业当前运营状态的有效工具，但在实践过程中，有些企业管理层为了追求数据，会对财务报告弄虚作假。如果投资人不具备辨别企业财务报告真实性的能力，则几乎不可能在资产管理行业中有一番作为。

【案例】　　1988年巴菲特投资可口可乐公司

在1988年投资可口可乐公司时，巴菲特就应用了上述企业估值方法。未来现金流量预测：1988年，可口可乐公司的现金流量为8.28亿美元，此后10年以15%的增长率保持稳定增长（实际情况是前7年的平均增速比巴菲特的预测高出了2.8个百分点），到第10年时将达到33.49亿美元。从第11年起，净现金流量将以5%的增速保持增长。

贴现率：美国1988年的30年期国债收益率为9%。估值结果：1988年，可口可乐公司的股票内在价值为483.77亿美元。如果采用5%的年均增速保持增长，按照现金流量现值＝持有期末现金现值/

($k-g$)的公式（其中，k 与 g 分别代表贴现率和增长率，该公式适用于 k 大于 g 的情况）进行计算，内在价值为 207 亿美元，这比巴菲特 1988 年购买可口可乐公司股票时的市值 148 亿美元要高得多。

对于以 15% 的年均增速保持增长的前 10 年，每年的现金流如表 5-1 所示：

表 5-1 股权结构变化

预期年份	1	2	3	4	5	6	7	8	9	10
估计稳定现金流	9.52	10.95	12.59	14.48	16.65	19.15	22.02	25.33	29.13	33.5
复利现值系统	0.917	0.842	0.772	0.708	0.65	0.596	0.547	0.502	0.46	0.422
年现金流量现值	8.74	9.22	9.72	10.26	10.82	11.42	12.05	12.71	13.41	14.15

10 年后的现金流量总规模为 112.5 亿美元，第 11 年时的现金流量为 35.17 亿美元，根据上面的公式进行计算：35.17/（9% - 5%）= 879.30 亿美元，折合成现值为 371.43 亿美元（879.30/0.4224 = 371.43），可以评估出可口可乐的内在价值为 483.9 亿元。也就是说，可口可乐公司的内在价值评估结果为 207 亿 ~ 483.9 亿美元，绝对算得上是一个超级绩优股。

第6章　私募股权融资中的对赌协议解读

◎ 对赌协议：私募股权融资中的"双刃剑"

在私募股权投资项目中，对赌协议是一种应用非常普遍的金融工具，它对投资方控制风险并保证投资回报具有良好效果。不过从融资企业的角度看，对赌协议在给企业管理层带来较大激励作用的同时，也会让企业承担较高的风险与压力。

对赌协议是一种投资方和融资企业达成的双向约定，赌注以融资企业股权为主，规定时间内能否上市或完成一定的财务业绩则是评判标准。也就是说，当融资企业能够完成预期业绩目标或者成功上市时，投资方需要向其转让一定的股份（主要包括无偿转让和低价转让两种形式），当然，当融资企业完成融资目标后，投资企业也会获得更高的利润回报，即便无偿或低价转让股份，也不会亏损。

对赌条款在私募股权投资中十分常见，它是融资企业和PE机构达成的投资协议，该协议对企业获得投资后一段时间的业绩表现、上市情况、股份回购等进行约定，是投资方保障投资收益、降低投资风险的有效手段，而对融资企业而言，对赌协议更像是一把"双刃剑"。

如果融资企业不能完成预期业绩目标或未能上市，则需要向投资方无偿或低价转让一定股份，此时，通常会伴随着融资企业管理层较大的人事变动。

本质上，融资企业和投资方签订对赌协议的目的是合作共赢，融资企业可以获得快速发展所需要的大量资金，而投资方可以获得更高的投资回报。虽然融资企业未能完成业绩目标或不能上市时，投资方可以获得一定的股权作为补偿，但企业发展受挫很可能会导致股权价值缩水，即便是变卖企业资产也可能无法挽回投资损失，所以，投资方也希望融资企业能够获得成功。

对赌协议的内容通常需要投资方和融资企业进行多次的沟通交流，融资企业提供的相关信息的真实性与有效性会对内容产生关键影响。对投资方来说，与融资企业签订对赌协议并不意味着投资一定能获得成功，投资后无法退出、估值因为某些因素不能出售等都会导致投资方权益受损。

不难发现，很多对赌协议中都会加上"确保融资企业充分利用投资方资源""督促融资企业提高经营管理水平""加快融资企业上市进程"等内容，但事实上这些内容都是从投资方利益出发，为了保障投资人的投资回报。对赌协议对投资人的价值主要体现在以下两个方面：

（1）确保投资资金的保本收益。协议中往往存在现金补偿、清算优先权、反稀释条款、业绩对赌等保障条款，虽然有这些条款，但遇到由于企业出现严重经营问题导致负债累累，或者是当地政府为了维护市场稳定而介入等情况时，投资方都很难获得保本收益。

（2）为投资方退出提供更为多元的选择。常见的退出机制包括上市退出、企业被并购退出、回购退出及清算退出等。

从诸多实践案例来看，既有雨润食品、蒙牛乳业等企业通过对赌协议而实现快速崛起，实现了融资方和投资方的合作共赢，也有太子奶、俏江南、雷士照明、永乐电器等因为对赌协议而蒙受重大损失。所以，对融资企业而言，对赌协议是一把"双刃剑"，在给企业带来激励作用的同时，也会带来较大的风险与压力。

◎ 对赌协议在企业融资中的积极作用

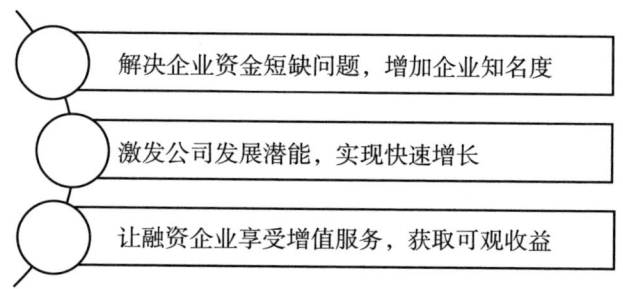

图 6-1　对赌协议在企业融资中的积极作用

◆ 解决企业资金短缺问题，增加企业知名度

要想确保企业的长期稳定发展，必须要有充足的现金流提供支撑，但因为开辟市场、开发新项目、引入新设备等诸多因素，可能会导致企业资金链面临较大压力，需要引入大量的外部资金。尤其是那些尚处于摇篮期的创业公司，由于其规模较小、知名度较低、缺乏抵押物等因素，银行等传统金融机构通常不会为其提供贷款，资金短缺问题尤为突出。

在这种情况下，通过和投资方签订对赌协议，引入私募股权或风险投资就成为融资企业获得发展资金的有效方式，在稳定现金流的支撑下，它们能够更好地开发市场、购置先进设备、招募优秀人才、开发新产品等，从而推动自身的快速发展。与此同时，和投资方签订对赌协议后，通过专业财经媒体的报道，融资企业的知名度也会得到明显提升，而且为了帮助融资企业完成财务目标，投资方也会配合财经媒体对企业进行宣传和推广。

◆ **激发公司发展潜能，实现快速增长**

签订了对赌协议后，迫于财务业绩压力和失去企业控制权的风险，融资企业管理层的工作积极性会获得大幅度提升，从而充分激发公司的发展潜能，创造更多的价值。此外，对赌协议还能够提高融资企业团队的凝聚力，各部门会积极协作，避免企业易主。

以蒙牛乳业为例，2002年底，蒙牛乳业和鼎辉、英联、摩根士丹利3家投资机构签订对赌协议，该协议内容为：自2003年起到2006年的3年时间里，当融资企业蒙牛乳业的年复合增长率达到50%以上时，3家投资机构需要向蒙牛转让不超过7830万股上市股权。如果不能完成目标，蒙牛乳业就要向3家投资机构支付同等的股份。

在该对赌协议的激励下，蒙牛公司管理层大受鼓舞，通过强大的团队协作能力与执行力，使蒙牛乳业保持快速增长。2004年蒙牛盈利达到了3.19亿元，超过预期目标0.19亿元。蒙牛乳业的快速发展，也让投资方提前终止了对赌协议，三家投资机构分三次退出，获得的投资回报达到了400%以上。

◆ **让融资企业享受增值服务，获取可观收益**

在对赌协议中，追求更高投资回报的投资方会给予融资企业很多支持与帮助。虽然投资方同时会投资很多项目，并没有太多的时间与精力用来帮助某家融资企业，但其在战略规划方面提供的专业指导，会给融资企业尤其是创业企业带来极大帮助。

高盛、摩根士丹利这种顶级的投资机构几乎不会参与到融资企业的日常经营管理中，但它可以为后者提供专业指导，协助其制定科学合理的战略规划、完善公司管理制度及组织结构等，有效提升企业的市场竞争力。

通过投资方在资金、增值服务等方面给予的支持，融资企业能够完成更高的财务业绩甚至成功上市。而且，如果能够在规定时间内完成目标，投资方也会给予融资企业现金或股权奖励，使融资企业在降低融资门槛，控制融资成本的同时，还能获得较高的利润回报，有效提高企业的知名度与影响力，高效灵活地应对外部竞争。

◎ 对赌协议在企业融资中的消极作用

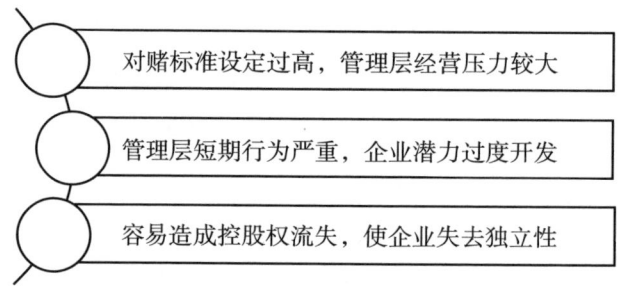

图6-2　对赌协议在企业融资中的消极作用

◆ 对赌标准设定过高，管理层经营压力较大

为了获取更高的投资回报，并降低投资风险，投资方可能会要求融资企业完成较高的业绩目标。而融资企业为了抓住转瞬即逝的发展机遇，可能会愿意接受这种高风险的对赌协议，从而使企业管理层面临较大的经营压力。在这种情况下，因为担心无法完成目标而导致自身丧失公司控制权，管理层会背上"只能成功"的心理包袱。

完成业绩目标的压力，可能会导致管理层变得以结果为导向，对员工管理及风险控制缺乏足够的重视，难以及时发现企业发展存在的巨大危机，从而给企业的长期发展埋下隐患。与此同时，遇到行业政策调整或者宏观经济低迷等类似情况时，企业将很难完成预期目标，而对赌协议的存在，则很可能会导致企业蒙受重大损失。

◆ **管理层短期行为严重，企业潜力过度开发**

为了完成财务业绩目标，融资企业管理层很容易急功近利，无法冷静下来分析企业当前的发展状况，没有从长期发展的角度为企业设定战略规划，盲目收购、扩大规模等，严重透支公司的发展潜力，从而导致企业陷入巨大的生存危机。

以永乐电器为例，2005年永乐电器和鼎辉、摩根士丹利两家投资机构达成对赌协议，协议规定：2007年（如遇不可抗力，可延期至2008年或2009年），永乐电器净利润达到7.5亿元时，可获得鼎辉与摩根士丹利提供的4697万股股权；如果净利润不超过6.75亿元就要向后者支付同等股份；而净利润不超过6亿元时，支付的股份将增长至9394.76万股。

为了达成这一目标，永乐电器从2005年就开始盲目扩张，短时间内收购多家公司，严重超出了管理层的经营管理能力，这导致公司财务业绩严重恶化，永乐财务投资方也大幅度抛售股票，打压其股价。2006年，永乐管理层承认签订对赌协议时，对永乐电器的预测过于乐观。同年7月，永乐电器被国美以52.68亿港元低价收购。

◆ **容易造成控股权流失，使企业失去独立性**

企业股权是融资企业和投资方签订对赌协议时的主要筹码，当融资

企业未能完成业绩目标时，必须向投资方转让股权，而得到股权的投资方不像融资企业管理层一样对企业有一定的感情，为了获取利润回报，并不会顾及企业的长期发展，从而给企业未来发展带来负面影响，甚至导致企业倒闭或被收购兼并。

以太子奶为例，2007年，太子奶为了获得足够的发展资金，和高盛、英联、摩根士丹利3家投资机构签订对赌协议，协议内容为：自太子奶获得3家投资机构7300万美元后的3年时间里，如果其业绩增长率超过50%，就可获得后者提供的一定股权；当业绩增长率低于30%时，太子奶集团董事长李途纯将会失去控制权。

然而受2008年金融危机的影响，再加上三聚氰胺事件爆发导致国产奶销量呈现断崖式下跌，从而使太子奶未能完成预期目标，即便政府出手救助，最终也未能挽救太子奶失败的结局，而投资方也未能从中获得收益。

◎ 融资中对赌协议的应对策略及建议

◆ 充分了解对赌协议，理性分析自身实力

融资企业在想要通过对赌协议获得发展资金前，应该对对赌协议有全面的认识，不能被投资方提供的所谓"高价"蒙蔽双眼，仅想到可能带来的高额利润回报，而忽视协议背后的巨大风险。与此同时，还要将对赌协议和其他可以选择的融资方式进行对比，对风险、收益进行综合考量后，选择合适的融资方式。

如果决定要使用对赌协议获取资金，也要分析投资方要求达成的目标是否真正可行，而且要有危机意识，不能因为过去的一帆风顺就盲目

签订合同。必要时，融资企业可以找第三方专业咨询公司合作，结合企业当前的发展状况、市场环境、行业发展态势等因素，对企业未来的业绩表现进行评估，虽然评估结果未必精准，但远比管理层的简单预测更为客观。在参考该评估结果的基础上，再和投资方协商对赌的业绩目标。

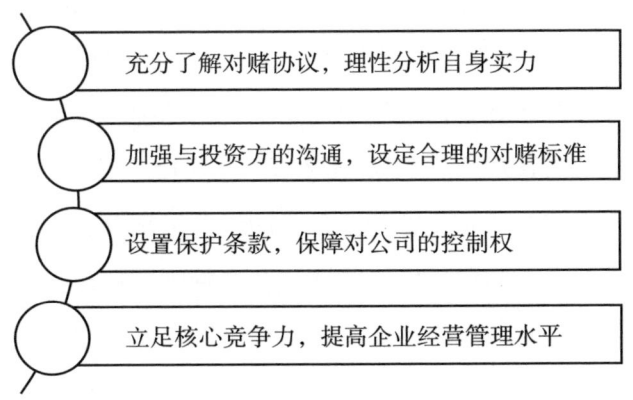

图6-3　融资中对赌协议的应对策略及建议

◆ 加强与投资方的沟通，设定合理的对赌标准

投资方和融资企业之间普遍存在信息不对称问题，出于控制风险，保障投资回报的考虑，投资方要求融资企业完成的对赌标准相对较高。而融资企业管理层因为对未来发展盲目乐观，可能未能意识到该目标超出了企业的承受能力，从而导致最终无法完成预期目标，各方利益同时受损。所以，融资企业应该和投资方进行充分的交流沟通，双方共同制定相对合理的对赌标准，确保最终能够实现合作共赢。

从永乐电器、太子奶等案例来看，当融资企业未能完成预期目标时，投资方也很难获得利润回报甚至出现亏损，再加上当地政府部门为了保护当地经济发展，很可能会采取措施阻止资本方获得控制权等，因此，投资方也愿意为了融资企业完成预期目标而和后者进行沟通交流。

◆ 设置保护条款，保障对公司的控制权

设置保护条款，可以让融资企业在无法完成对赌协议时，控制损失，避免企业陷入严重发展困境。随着风险意识的逐步提升，设置保护条款在对赌协议中得到了普遍应用，这种保护条款通常是：当融资企业无法完成预期目标时，可以向投资方支付一定的现金或股权赔偿来中止对赌协议，对投资方来说，既然可以获得利润，它们也愿意接受这种形式。

虽然执行保护条款会让融资企业蒙受一定的损失，但相比于履行对赌协议可能带来的管理层丧失控制权的潜在风险，这种代价要小得多。毕竟对赌协议失败，和企业管理层自身的经营管理存在密切的关联，执行保护条款付出一定的代价后，能够让企业管理层反思自己的行为，调整企业的发展战略，从而为企业的长期稳定发展奠定坚实的基础。

◆ 立足核心竞争力，提高企业经营管理水平

很多企业为了完成对赌目标，会忽视企业的长期发展，追求短期内的经济效益，从表面上看，企业确实赢得了对赌协议，但这会给企业未来的发展埋下严重隐患。所以，为了自身的长期稳定发展，企业需要打造核心竞争力，不断提升经营管理水平，不能片面追求速度与规模，更要注重发展质量。

本质上来说，只有能够创造价值的企业才能长期生存并不断发展壮大，而对赌协议只不过是一种为企业提供发展资金的融资方式，根本不能取代企业通过加强团队建设、提高经营管理水平与创新能力等方式来提高自身的市场竞争力，只有建立起了核心竞争力，企业才能源源不断地为顾客及合作伙伴创造海量价值，在确保自身长期稳定发展的同时，实现多方合作共赢。

第 7 章 股权众筹实战操作与风险控制

◎ 互联网众筹模式的主要类型

众筹,即大众筹资,是借助互联网发布筹款项目并向众人募集资金的新型金融方式。众筹使创业者、企业家可以获得启动资金实现梦想,同时也降低了交易成本;众筹为投资人和资金需求者提供了直接联系的机会,节约了金融机构、投资机构等中间环节所带来的成本,使资金筹集更加高效。互联网众筹一般分为以下几种类型:

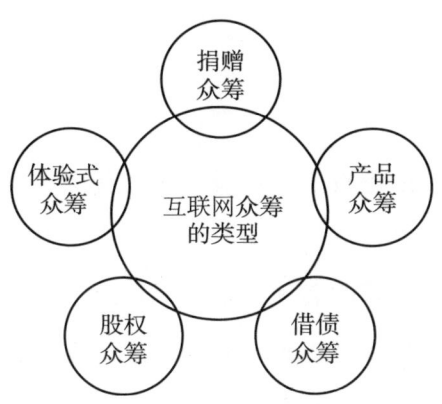

图 7-1 互联网众筹的类型

◆ **捐赠众筹**

捐赠众筹是一种无所谓资金回报的众筹方式，指投资者向公司或个人进行无偿捐助。信徒们向寺庙捐香火钱，应该是捐赠众筹最古老的形式了。就现代社会而言，一些免费软件、开源软件所提供的"捐赠"链接可以说是较早出现的捐赠众筹形式。

◆ **产品众筹**

产品众筹又称回报众筹，即投资人对项目或公司投资以获得其项目所生产的产品（实物或服务）。产品众筹一般是预售类的众筹项目，如电影众筹的电影票、硬件众筹开发的智能产品等。

◆ **借债众筹**

所谓债权众筹，即投资人根据出资多少获得债权并在到期之后获得本金和利息。借款众筹的主要表现形式就是P2P贷款模式，投资人在P2P借贷平台上进行投资并获得一定比例的债权，并在未来获得相应的投资回报。

◆ **股权众筹**

所谓股权众筹，就是投资人在投资之后获得一定比例的股权，以股东身份获取投资回报。投资者在上市公司首次公开募股（IPO）时申购股票实际上就是股权众筹的表现形式，但是由于市场公开、投资人众多以及涉及资金量巨大受到了极其严格的监管。我们今天讨论的股权众筹更多的是指对初创企业、创新企业等非上市公司的投资。

对于这种初创企业，特别是那种高风险、高回报的创新企业，敢于冒险的投资人要对这类企业的失败概率有清醒的认识，甚至有可能无法收回投资。面对这种情况，股权众筹的投资人就要对企业进行全面考察并做出谨慎的判断，对投资是否超出自身承受损失范围做出准确的评估。

Lynn Turner 是美国证监会原首席审计师，他在评价股权众筹时也曾强调过投资初创企业的风险很大，大部分初创企业会倒闭，而这又会给投资人带来很大的经济损失。美国小企业管理局（Small Business Administration）的报告显示，一般情况下，美国可以存活 5 年以上的企业有 1/2，但是只有 1/3 的企业可以存活 10 年以上；欧盟统计局（Eurostat）的统计数据表明，可以在欧洲存活一年的企业占总数的 81%，而存活 5 年以上的企业只有 46%。

◆ 体验式众筹

对于普通大众来说，体验式众筹是一个非常不错的选择。体验式众筹的项目一般集中为生活服务类项目，该类型的众筹项目由于贴近日常生活，且多为实体类，更容易被普通的投资者接受。相比而言，那些专业性要求极高且不明前景方向的科技类项目很少受到大众投资者的青睐。

目前比较火爆的体验式众筹就是基于社群经济的"理财+众筹"模式，投资人在"有担保式"的众筹平台上所参与理财众筹项目都会得到股权众筹项目的品牌方的担保，保证投资人每年都会获得 10%～12% 的年化收益，这就降低了众筹者的投资风险。在整个众筹项目中，品牌方的股份占 51%，众筹平台为剩余的 49% 发起众筹，这样做的主要目的在于保证品牌方拥有对项目的运营管理主权。

企业出售低于 50% 的股权进行融资，在获得资金以保证项目运转的同时，又不失去对自由品牌的控制，这样就实现了企业"速度"与"质量"的完美融合，可以更好地促进企业的发展。

既然品牌方担保投资人可以获得 10%～12% 的年化收益，那么品牌方为什么不自己投资获得更多的收益呢？这就关系到当前火爆的社群经济了，投资人在变成股东的同时，其身份也产生了多样的变化，既是粉丝，又成了消费者、传播者以及销售者，这样更有利于整个项目的良性运作。

◎ "领投+跟投"的运作模式

约在百年前，马克思就曾提出，股份制可以称作是人类为数不多的几项伟大发明之一。确实，大众集资从广义上来看已经拥有悠久的历史。

现如今是一个"全民创业"的时代，那么"全民投资"也就应运提出。股权众筹借助了社群经济、粉丝经济的模式，在互联网思维的影响下成为新时代集资的创新形式。在其发展得如火如荼之际，不少人也同时陷入了迷茫，迷茫的原因主要是他们被形式蒙住了双眼，而忘记了众筹的本质。

众筹要从项目方和投资者两个方面来分析：首先，项目方要明确自己众筹的目的，是单纯地以获得资金为目的，还是真想为寻找产品或服务的消费者来提供更好的渠道的确是众筹者需要思考的问题；其次，投资者需要明确自己适合什么样的众筹方式、适不适合股权众筹以及适合哪种股权众筹，毕竟寻常百姓大多是为了让自己的闲钱保值，所以一定要选择适合自己的方式方法。

总而言之，股权众筹首先要解决的是，避免众筹变为"众愁"的问题。

商业大佬之所以能够在商场上呼风唤雨，很重要的一点就是具备敏锐的眼光和掌控全局的能力。京东就以其敏锐的眼光入局并带火了

"领投+跟投"这个股权众筹的基本模式。除此之外,天使汇、大家投等众筹平台所提供的"快速合投""千元起投"与"领投+跟投"在本质上并无太大的区别。

"领投+跟投"模式最核心的要素就是领投人。领投人可以说是国内众筹平台的稀缺资源,因为非上市企业进行股权投资有很多不确定性,这就对领投人提出了相当高的要求,既要具备敏锐的眼光,又要有吸引投资的能力。

股权众筹是初创企业最常见的融资方式,但是初创企业倒闭的概率基本上都在90%,甚至95%以上。我们不否认成功企业将会带来上百倍的回报,但是股权众筹这种风险投资也是要看概率的。如2014年经纬投的86个项目以及红杉投的82个项目中,我们所能记住的就是那些在激烈竞争中存活下来的初创企业,而这与正确发挥领投人的作用是密不可分的。

领投人在具备敏锐眼光之外,还需要强大的"心脏"以支撑其抵御风险。专业投资人要对投资风险做出准确的预判并有承担风险的能力,将冒险看作乐趣大概是领投人独具的素质。所以不可能人人都是"天使",普通投资者在没有专业能力或退路无法在遇到风险时全身而退,这就将投资变成了赌博,而最终的结局也是显而易见的。不过不做领投人,还可以做跟投者,这种"跟投"模式可以让你过把投资瘾。

◎ 股权平分:咖啡厅的启示

股权平分不同于"领投+跟投",而是一种大家基于相对确定的共同认知来合伙出力、共同出资以成就一番事业的众筹方式。借助股权平分式众筹,人们可以实现如咖啡店这种入行成本较低且公共空间属性浓重的实体店的融资。

早期投资人与现在的投资人有很大的区别,除了要具备充足的资本,专业的投资运营能力与创业者的共生关系也是检验投资人是否专业的重要指标。换句话说,众筹平台上的投资者鱼龙混杂,多数只是借助网络进行项目挑选,然后以金钱入股,但是在实际参与企业运营或了解企业的未来价值方面,由于投资者没能与创业者进行良好的沟通以至于无法深入了解企业内部资讯。

一位成功的投资者除了要提供资金,还应当承担消费者、传播者、销售者以及管理者的角色,在参与企业治理的过程中实现能力提升和自身盈利。然而从当前形势来看,普通投资者更看重的是收益而非与创业者的共生关系。

一般来说,当我们在对与日常生活密切相关的实体店进行股权众筹时,这种共生关系就会自动自觉地体现出来,投资者与创业者在交流沟通的过程中必然会产生互利共生关系。近几年,咖啡店众筹十分火爆,一时间国内各地区就众筹了不少咖啡馆。当然,这其中有成功也有失败。

究其失败的原因,最重要的一点不外乎是"过于平均"。咖啡馆所有股东的股权比例是完全平等的,这种均等使每一位投资者都变成了咖啡馆的主人,但也正是因为这份均等导致整个咖啡馆的激励和约束机制不健全,每个股东只享受当老板的快感,却忽略了管理运营的重要性,最终必将导致"小而美"的众筹咖啡馆走向末路。

普通投资者与专业投资者相比,除了专业能力上的欠缺,在参与热情上也有很大的差距。普通投资者大都利用业余时间选取项目进行投资,不仅缺乏参与热情,甚至对最后的利润营收也不怎么在意。

有众筹咖啡馆发起人就曾在某一热文内指出当前的现状:50位股东在开业当天关注的是如何展现自己的美丽,而忘记自己的股东身份以及咖啡馆的开业促销活动;甚至只有30多个人参加了第一次股东会议,其他人则以上班、带孩子等理由缺席。

该发起人指出微招股东一股 2 万元，可能有许多微股东认为 2 万元不算什么，所以在投资之后再也没有出现过，而发起股东所占的股份至少是 60%～70%，无法众筹到股东们的智慧和人力，只筹到资金又有什么用呢？

◎ 股权众筹投资风险的来源

股权众筹若是演变成全民参与将会是非常危险的行为。对于投资人来说，首先，要具备专业能力，这意味着他需要在投资前对众筹企业进行全面深入的调查并在投资后对企业进行实时监管；其次，要找到出售手中股权的途径，在危机来临前可以有机会退出变现。

没有专业能力的投资人很难有充分退出的机会，而这将会使股权众筹变成像赌博一样没有节制的旋涡。所以我认为股权众筹投资风险主要来自于以下两个方面：

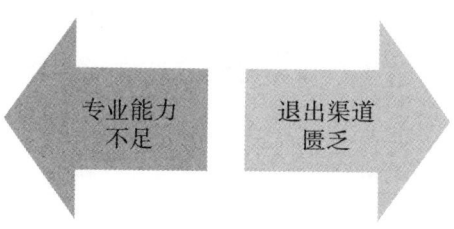

图 7-2　股权众筹投资风险的来源

◆ 专业能力不足

股权众筹为初创企业获得资金提供了除自有资金（包括家人朋友提供的资金）、天使投资、风险投资以外的第四种筹集方式，其中股权众筹、天使投资以及风险投资都是来自于投资人的外部投资。而股权投

资相较于其他两种方式更具普遍性,也就是说,只要有投资意愿的普通人都可以投资,但是普通人并不具备筛选优质项目或公司的能力,这就成为股权众筹投资风险的一大来源。

◆ **退出渠道匮乏**

股权众筹投资人获取投资回报的方式主要有分红、并购以及上市三种形式。

(1)分红:所谓分红就是企业在获得利润的前提下,参与众筹的投资人按持股比例获得一定的分红。

(2)并购:投资人投资的众筹公司在被其他公司并购或股权被其他公司收购之后,可以根据自己的持股比例获得相应的收购价款。

(3)上市:众筹企业在上市之后,投资人就可以通过在公开证券市场上出售自己所持股票的方式获得投资回报。

虽然获得投资回报的方式也较为多样化,但事实上这三种方式并不能为投资者带来预期的回报:就分红来说,由于众筹门槛低、参与人数多,所以众筹股东的持股比例非常低,进而分红也会非常少,同时初创企业微博的利润甚至亏损会使分红这项回报方式变成泡影;而上市和并购对于初创企业来说相当有难度,在5年内垮掉的初创企业不在少数。

◎ 股权众筹项目各阶段的风险

要想完成一个完整的股权众筹项目需要经历前期考察、估值、投资、后期监管以及退出等一系列阶段,而每个阶段也有可能使投资人陷入风险旋涡当中。

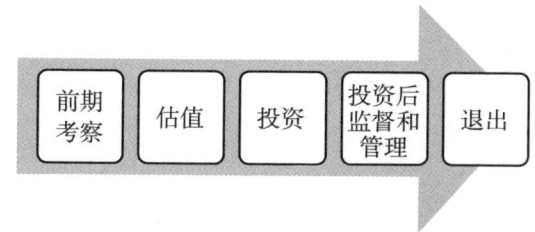

图 7-3　股权众筹项目各阶段的风险

◆ **前期考察**

是否在投资前对众筹企业进行全面深入的调查，是投资人能否确保投资回报的关键因素。有研究表明，考察时间超过 20 小时的投资项目所产生的投资回报会高于调查时间不足 20 小时的投资项目。与风险投资、天使投资花费一定的人力、物力、财力进行专业的尽职调查相比，股权众筹的前期考察就显得比较单薄。

原因有二：一是由于众筹门槛较低，众筹投资人大多不具备评估众筹公司的专业能力，且众筹投资人的投资金额较小，担负第三方尽职调查的成本比较吃力；二是社会潮流会成为投资人考察众筹对象时的考虑因素，盲目跟从其他人的投资决策。当然投资人在考察过程中对高回报的盲目追求也成为尽职调查的一大障碍。

◆ **估值**

一般情况下，众筹企业在进行股权众筹之前要对投资人提供市场价值评估报告，而这通常又是企业自己确定的，众筹企业为了获得更多的融资会抬高自己的企业估值，甚至有时候只是提供不值钱的商业计划书或创业新点子。

在该阶段投资人如果没能对企业进行正确的估值，企业发展壮大之后所得到的投资回报就会不如预期。然而由于投资人人数众多，且大都

缺乏专业的议价能力，最终在与众筹企业进行估值协商时无法占据有利地位，从而无法确保自己的投资回报。

◆ **投资**

针对初创企业极高的投资风险，专业的天使投资、风险投资等融资方式会在签署的投资协议中设定类如反稀释条款、优先权条款、回购权、反赌条款等保护投资人利益的条款。但是股权众筹时提供的投资人签署协议一般都是众筹平台提供的模板或众筹企业自己起草的格式合同，这其中就不包含投资人的保护性条款，因此股权众筹投资中投资人的利益保护受到很大削弱。

◆ **投资后监督和管理**

投资后的监管阶段也是投资人获得预期投资回报的关键阶段，在该阶段不仅需要众筹投资人向初创企业投入资金，还要提供包括改善企业管理、开拓市场、提升企业价值在内的各项资源以帮助其投资增值。天使投资和风险投资等专业投资人在这方面做得比较到位，相反股权众筹却无法提供如此强大的支持，主要原因有：

（1）众筹依靠的是大众的力量，所以每位投资人的投资金额不大，且不具备提供专业资源的能力。即使有专业投资人提供资源而提升企业价值，这些价值在平摊之后也不会增加太多的投资回报。

（2）对于初创企业来说，由于众筹投资人人数众多，不仅难以协调和管理以达成统一意见，甚至还会为此耗费企业的精力和成本。

（3）信息严重不对称是投资人在参与监管过程中遇到的一大难题。公司法虽然赋予股东知情权，但这都局限在股东会、董事会决议等非常宽泛的事项上，人数众多的众筹股东要想直接了解或参与企业的日常经营运作并不是一件简单的事。

反过来说，即使股东掌握足够的信息并参与整个企业的运营当中，也不一定具备专业的能力去识别经营风险，帮助提升企业价值。相反，天使投资人和风险投资人却以其专业能力和水准具备入主董事局的机会，甚至参与到企业的经营活动当中，这无形中也反衬出信息不对称是导致众筹投资人无法监管企业的重要原因。

（4）股权众筹的信用体系。股权众筹并没有像网购一样设置信用评价系统，评价系统的存在使商家严格规范自己的行为以保持信用等级来吸引更多的客户，而股权众筹只是一次偶然的融资交易，众筹企业的策划吸引你，你就可以投资，但是这种随意性却无法保证股权众筹的信用，无论是企业还是投资人都没有足够的动力来约束自己的行为。当然信用机制建立平台的缺失也是众筹企业没能设置信用体系的一个重要因素。

◆ 退出

一个众筹企业在实现并购或 IPO 之前要经历一段漫长的时间，有些企业甚至还没完成并购就已经倒闭。对于众筹投资人来说，股权众筹投资是一种"放长线钓大鱼"的长期性投资，但是还有许多投资人没有意识到这一实质。众筹投资人不仅要在漫长的时间里等待投资回报，而且无法对企业进行有效监管，这就使投资人既损耗了时间又无法获得预期的投资回报，并最终在风险旋涡中越陷越深。

众筹投资人的投资还具有低流动性的特点，这也是导致投资人退出困难的诱因之一。能成为上市公司的众筹企业少之又少，所以大部分众筹企业的股权是无法自由、公开买卖的，这种非公开性就导致企业的市场价值得不到有效评估，众筹投资人在退出时很难找到愿意接盘的人；退一步讲，由于股权众筹没有形成完备的股权交易系统，即使找到下家，在经历频繁的股权交易之后，企业经营也会受到很大的影响。

相比较来说，天使投资人和风险投资人在注资之前已经做好了退出的万全准备，提供了诸如借助对赌机制确保股权回购、后续融资时转让部分股权、集众人之力推动企业上市等投资策略，而股权众筹却没能提供这些策略为投资人保驾护航。

◎ 如何有效防控股权众筹风险

股权众筹就像是一个硬币有正、反两面，一方面，其最大价值就是使投资民主化、投资人普遍化，每个人都有参与投资的机会，每个人都能成为下一个"阿里巴巴"的投资人之一；另一方面，其最大的问题也是投资民主化、投资人普遍化，门槛低的投资使任何不具备风险把控能力的普通人都可以参与到专业的投资中，而这就是导致股权众筹风险的根源，只有解决这个问题，股权众筹才能够长久发展下去。

要想解决这个问题，一是靠市场，二是靠政府。就前者而言，针对投资人能力不足的问题可以建立一种连接投资人和企业的股权众筹平台，这种中介性质的平台有助于弥补投资人能力不足的问题，而针对风险把控能力的缺失则可以运用互联网化的众包模式来弥补；而政府所要做的就是借助法律来抬高投资准入门槛，美国证监会就采取了这一思路，中国证监会也在调研方案中提出了类似的建议，如设置一定的收入财产水平或单笔投资金额的标准，借此来提高投资人的专业能力和风险把控能力。

但是当前的市场需要投资民主和投资人的普遍化，股权众筹抬高投资门槛既违背了股权众筹的理念，又与市场经济发展的大方向相悖，实在不是可取之法。所以，依靠市场借助股权众筹平台的优势来提高投资人的专业能力，利用互联网化的众包模式来解决信息不对称问题似乎更有助于股权众筹的良性发展。

我所提到的股权众筹平台，作为连接投资人和众筹企业的中介可以更好地确保众筹投资人的利益，并为其提供尽职调查、估值、投资、监管等一系列完善的服务。

当然对于该平台存在的道德风险问题我们也要予以防范，如果该平台的收益来自众筹企业融资之后的提成，那么平台就有可能在调查、估值过程中与企业合谋或者没能尽全力去发现问题，这种道德性问题必然会损害投资者的自身利益。防范这类道德性问题，需要股权众筹平台站在投资人一方，收益来自退出与投资回报，这样就有助于确保众筹投资人的利益。当然这种商业模式还没能成为众筹平台的主流模式。

除此之外，专业的天使投资人领投，众筹投资人跟投的方式也是防范风险的一个重要方式。投资之后由专业的天使投资人来对众筹企业进行尽职调查、估值、投资、监管，当然这也无法避免天使投资人与众筹企业串通的道德性问题。

互联网化的众包模式可以说是一种极具想象空间的风险控制方式，如在做尽职调查时，可以将众包交给社交网络平台，借助网友之手来获取众筹企业及发起人的信息，并了解企业财务资产情况、市场前景预测等，这样可以在深入了解企业的同时降低投资风险。当然这一方式也并不是完全没有漏洞，互联网化使众筹企业的商业状况过早地暴露在竞争对手面前，这将有可能使企业在市场竞争中处于不利地位。

在互联网时代，股权众筹要借助市场机制不断探索规避市场风险的新模式，以此来实现股权众筹的良性发展。对此我们要放手交给市场，在不断的试错中探索出规避风险的最佳方案。当然投资人自己也要做好投资控制，因为市场自我规范的高昂成本会使投资人在市场自我纠正完成之前就蒙受损失。

第 8 章 股权融资商业计划书的撰写技巧

◎ 提炼项目的核心要点

创新创业是国家经济发展的重要驱动力,世界各国都对创新创业给予了大力支持,并纷纷出台利好政策为其发展提供有力支持。在大数据、云计算、人工智能等新一代信息技术快速崛起,经济全球化不断深入,再加上消费持续升级等多重因素的综合作用下,一股不可阻挡的创业浪潮正在席卷全球,引发了一系列产业革命。

在创业投融资事件集中爆发的当下,商业计划书的价值得到了充分体现。在投融资机构制定投资决策时,商业计划书扮演的角色越发关键。

商业计划书是企业为了成功融资等预期目标,而在对项目相关资料进行深入搜集、研究及分析的基础上,按照一定的格式和具体内容要求,撰写出的能够向投资方详细介绍创意项目及公司现阶段发展状况及未来发展前景的书面文件。在投资方对投资标的进行考核及筛选时,商业计划书是一项非常重要的参考资料。

创业投资策划是由投融资机构的投资策划人员制定,而商业计划书则是由融资的创业者或企业提供,二者有着明显差异。创业投资策划强调投资策划人员对投资项目进行系统分析,从整体视角对制定、实施及检验投资决策的全过程进行评估分析，以便充分利用企业现有资金，以及社会资本、风险投资等外部资金，同时，从时间、空间、结构等多种维度上对资本运作进行优化，确保能够达成预期投资目标，并有效降低投资风险。

商业计划书则是指创业者或企业制定的详细发展规划，被用来向投融资机构介绍公司的未来发展战略及实施计划，让后者能够了解企业的发展前景，从而获得其资金支持。在投融资机构尤其是强调风险控制的当下，提供让投资机构满意的商业计划书，成为创业者及企业成功融资的关键所在。

结合创业投资策划来制订商业计划书，能够让创业者与企业从投融资机构的视角思考问题，丰富商业计划书的内容，提高商业计划书的可行性、可靠性及可操作性。

优秀的商业计划书能够让企业管理者理清发展思路，对市场、用户及竞争对手等进行深入分析，更好地找到市场切入点，制定更为科学合理的战略规划，明确团队建设方案、业务拓展方向、各项目投资成本等，在撰写过程中，各种创意及灵感落地为商业模式或解决方案。

商业计划书是企业和投资方进行沟通交流的重要媒介，为了吸引投资方的认可与信任，需要在商业计划书中解答投资方需要了解的各种信息。通常来说，投资方希望能够在商业计划书中获取以下信息：

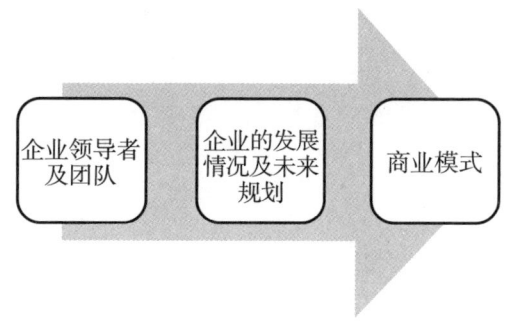

图 8-1　提炼项目的核心要点

（1）企业领导者及团队。企业领导者和团队是投资方在筛选投资项目时的重要参考因素。在商业计划书中要提供企业领导者和团队的专业能力、是否有相关从业经验、掌握哪些方面的优质资源等信息。

（2）企业的发展情况及未来规划。产品和服务的市场定位及用户定位，是否解决了行业痛点，竞争对手的发展情况，为何采用现阶段的发展策略等。切忌通篇讲概念，没有具体规划和实际解决方案，需要让投资方明白企业面向的是什么市场，为何能够在市场中取得成功。

在描述市场时，要具体到各种细节，让投资人了解企业对市场有足够深入的了解，与此同时，描述要尽量客观，不能为了强调自身的优势，而对市场数据造假，将自身描述为市场的垄断者，更不能故意贬低竞争对手，来提高自身形象。事实上，如果企业找的是真正对行业感兴趣的投资人，则他们对市场的了解程度甚至会比企业管理者更为深入。

投资人往往会被产品的具体细节感动，用户存在怎样的需求痛点，企业又通过怎样的方案解决了该痛点。例如，外卖APP针对的是人的饮食需求，如今，上班族点外卖成为一种主流，而人们下班时经过了一天的工作后，可能也不愿意做饭，通过在手机上点外卖就能解决这一需求，所以，饿了么、美团外卖能够持续不断地获得资本方的海量资金支持。

（3）商业模式。商业模式是投资人了解商业计划时重点关注的内容。为了追求更高的利润回报，并降低投资风险，投资人关注商业模式是很自然的事情。商业模式决定了企业的盈利能力，是企业能够长期生存并不断发展壮大的关键所在。部分创业项目表面上看是天马行空、不切实际，但由于其有清晰的商业模式，很多投资人也愿意投资。

◎ 产品描述的撰写技巧

商业计划书不只是一份为了得到投资机构的认可而经过精心设计的

文件，它更是一份创业者或企业为实现创意及愿景而制定的行之有效的发展路径。也就是说，在撰写商业计划书的过程中，创业者或企业能够进一步明确未来的发展规划及实施方案。

当然，不同行业、企业不同发展阶段以及不同侧重点等因素，会导致商业计划书的具体内容有明显差异。不过。为了让投资机构能够在商业计划书中找到关键问题的答案，商业计划书都需要包含一系列基本内容。

◆ 产品介绍的主要内容

在创新创业项目大量涌现的当下，投融资机构每天都会收到很多商业计划书，为了控制时间成本，很多投资人会通过概要对创新创业项目进行首轮筛选，所以，融资的创业者及企业必须对商业计划书概要部分给予高度重视，让创意项目的价值能够得到充分体现。

在撰写商业计划书的过程中，创业者或企业应该让投资人能够了解和公司产品相关的所有信息，并证明这些信息的真实性与可靠性。所以，对产品进行介绍就显得尤为关键，具体来看，产品介绍需要重点包含以下几个方面的内容：

（1）产品概念、性能及特性；

（2）产品核心卖点；

（3）产品研发过程；

（4）产品研发计划及成本；

（5）产品目前处于何种发展阶段；

（6）公司采用怎样的渠道销售产品；

（7）产品的目标群体是谁，他们为何使用产品；

（8）产品的生产成本及定价策略；

（9）公司未来的新品研发计划；

（10）产品市场前景分析及预测；

（11）产品涉及的专利技术及使用的品牌等。

◆ **产品介绍的注意事项**

当投资人评估投资项目时，他们会想要了解提出创意项目并将其落地的相关背景信息，以及从创意项目中衍生而来的技术、产品、服务等是否能够解决人们生活或工作过程中的某种痛点。

（1）你做的是什么

也就是企业的产品及服务解决了什么用户的何种痛点。为了吸引投资人的关注，用一句话对其进行精准概括尤为关键，例如，一款运动爱好者预订体育馆的APP，当投资人看到这句话时，可以很快了解企业的产品及服务。

（2）你是如何做的

针对用户需求和痛点，企业提供了何种解决方案，你的产品和服务与竞争对手之间有什么差异，如何取得领先优势等，这要求企业不但要进行创新，而且这种创新应该有一定的门槛，很难被竞争对手轻易模仿。

（3）不能太苛求细节

大部分情况下，在商业计划书中没必要提供产品具体功能、操作方式及交互图等细节信息，由于投资人每天都需要看很多份商业计划书，他们更多是想要了解产品能够满足用户哪方面的需求，而不是这些具体的细节。

（4）不要只讲创意和灵感

创意和灵感确实非常关键，但不能将其落实为解决方案时就毫无价值。通过创意和灵感为消费者创造价值才是关键，如果能够得到用户的认可与信任，自然就会有投资人愿意承担投资风险。

◎ 市场分析的撰写技巧

◆ 产品开发及生产

在产品开发及生产部分，投资人希望可以了解以下几个方面的信息：

（1）产品的开发及生产状态。

（2）当产品正处于生产阶段时，生产成本以及产品正式推出的具体时间安排信息。

（3）产品开发和生产过程中遇到了怎样的问题。

（4）为了解决这些问题，创业团队或企业做出了怎样的应对策略。

从诸多实践经验来看，投资人并不担心创业者或企业在产品开发及生产阶段遇到问题，而是更加侧重为了解决这些问题，它们做出了怎样的努力，因为这能体现创业团队或企业的团队协作能力、运营及管理水平等。

◆ 市场分析

那些精明的投资人在分析商业计划书时，尤其注重市场分析部分的内容，如果不能给出具体而详细的市场信息，则很难得到其认可与信任。在市场分析部分中，投资人希望能够了解以下几个方面的内容：

（1）创业者或企业如何定位目标市场。

（2）市场是否具备广阔的发展空间。

（3）如何对新产品及服务在目标市场中进行营销推广。

（4）目标市场中是否存在竞品，如果确实存在，又如何让新产品建立核心竞争力。

（5）竞争企业发展情况，它们可能会针对新产品而制定怎样的应对策略。

（6）新产品或服务定价，与市场中的竞品相比，如何给新产品或服务制定一个合理的价格等。

◆ **竞品分析**

企业的成功不仅取决于其自身的经营管理水平，竞争对手也是一大重要因素。所以，在商业计划书中，要对竞争对手进行详细分析：

（1）已经存在及潜在的竞争对手是谁。

（2）竞争对手的产品市场表现情况。

（3）与竞品相比，公司的产品有什么优势。

（4）竞品的营销策略。

（5）竞争对手的市场份额、盈利能力、所掌握的优质资源等。

（6）当公司推出新产品或服务后，竞争对手可能会采取什么样的应对策略。

在商业计划书中，对竞争对手的描述要客观、真实，并提供具体的参考数据，不能为了强调自身的优势，而恶意贬低竞争对手，应该通过分析竞争对手的情况，让投资方了解公司所具有的独特优势。

◎ **营销方案的撰写技巧**

营销方案也是商业计划书的重要内容，它阐述了企业为了满足目标用户需求，而开发出了怎样的产品及服务，以及如何说服消费者选择你而不是竞争对手。在切实可行的营销方案的支撑下，企业能够将产品及品牌营销信息高效精准地推送给目标群体，不断扩大市场份额，并最终实现盈利。

在激烈的市场竞争中，营销推广对企业的价值不言而喻，同质竞争泛滥的局面下，再好的产品与服务也需要通过有效的营销推广，将其提供给目标消费者。营销策略提供了消费者选择企业产品及服务的理由，制定这种营销策略也并非一件简单的事情，需要企业管理者长期投入大量的资源与精力。为了制定出有效的营销策略，企业需要对目标市场进行精准定位。

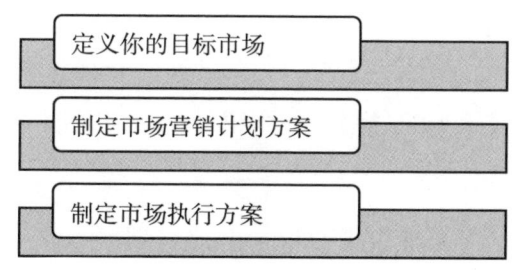

图 8-2　营销方案的撰写技巧

◆ **定义你的目标市场**

绝大多数的产品和服务都有其特定的目标市场，而且将资源与精力集中到一个特定市场也有助于企业建立领先优势，对制定营销策略来说，明确目标市场有助于企业将营销内容精准推送至目标群体，减少资源浪费。

（1）确定位置。目标用户集中分布在什么区域、何种网络社区等。

（2）年龄。产品主要服务于什么年龄的用户，儿童、青年、中年、老年等不同年龄段的群体在需求特性、消费习惯等方面存在诸多差异，在营销内容、营销渠道等方面必须做出相应的调整。当然，部分产品还可能是仅服务男性或女性。

（3）产品或服务的优势。你的产品能够为消费者创造怎样的独特价值，可以是实际的功能等实用价值，也可以是心理需求满足方面的虚拟价值。这种独特价值是和竞争对手实现差异竞争的关键所在，例如，采用了独特的生产工艺、加入了某项高科技技术、产品代表了某种文化等。当产品或服务拥有较多的优势时，自然更容易获得成功，投资方投资也就成为一件水到渠成的事情。

◆ 制定市场营销计划方案

利用商业计划书向投资方介绍公司所在市场的基本状况及未来的发展趋势，从购买力、地域、年龄、职业、需求心理及购物习惯等因素分析消费者制定消费决策的过程，并介绍各个因素在消费决策制定时发挥的作用。

市场营销计划方案解析也应该是商业计划书需要详细介绍的内容，它可以让投资方了解公司开展营销活动的投放渠道、营销方案及执行计划，以及营销活动能够带来的具体收益及成本预算。当然，商业计划书中有必要简单地描述销售策略，是要让公司员工负责销售，还是交给第三方；是通过线下销售，还是线上销售；为了更好地促进产品销售，需要对销售人员进行怎样的培训等。

◆ 制定市场执行方案

制定行之有效的市场执行方案，对公司的发展状况会产生十分关键的影响，具体来看，市场执行方案需要明确以下几个方面的内容：

（1）怎样将产品打入市场。

（2）如何打造生产线，怎样快速高效组装产品。

（3）完成产品生产需要购入哪些设备及原料。

（4）产品生产成本。

（5）遇到竞争对手的同质化竞争与价格战时，公司可以采取哪些应对策略。

◎ 公司运营的撰写技巧

当然，商业计划书不仅是向投资人推销创意项目的工具，更有助于创业团队厘清创意项目的发展策略，思考其中存在的问题，从而对战略规划进行优化完善，提高创业成功率，并降低创业风险。

◆ 创意项目的核心管理团队

毋庸置疑的是，优秀的核心管理团队在创意项目的成功落地中发挥着十分关键的作用。所以，在商业计划书中，要对核心管理团队进行介绍，具体来看，投资人想要了解的核心管理团队信息主要集中体现在以下几个方面：

★ 他们是否具备公司长期稳定发展所需要的知识、经验及技能。

★ 团队成员之间是否具有互补性。

★ 公司内部是否有良好的工作氛围，核心团队成员的团队协作能力。

★ 核心管理人员是否都明确了自身的职责及角色。

★ 团队成员之间是否能够高效沟通。

优秀的管理团队，是公司取得成功的重要保障。所以，在商业计划书中，需要对公司管理团队进行详细介绍，让投资人能够了解管理团队的人员构成、各自负责的事务，每个成员又擅长哪些领域，并详细说明管理团队成员在公司发展过程中发挥的关键作用。

在创意项目成功落地的过程中，管理团队的管理及运营尤为关键，团队成员需要具备丰富的工作经验，较强的专业知识、技术及管理才能，通过彼此之间的协调配合来充分激发员工的工作潜能，制定科学合理的战略决策来应对竞争对手的激烈竞争等,从而确保取得良好的经营业绩,实现公司和投资方的合作共赢。

◆ 财务计划及预期

该部分的内容主要是介绍企业当前面临的财务状况,融资资金的具体使用安排,为了达成预期发展目标,公司怎样管理财务资源等。该部分还涉及3个重要的表格:

★ 预编资产负债表。该表格中将会对公司的资产及负债进行估价,从而让投资人了解公司的财务状况。

★ 预编损益表。预编损益表可以让创业者及企业更好地说明达成预期运营目标所需要的成本,并介绍实现预期运营目标的详细规划。

★ 现金流表。现金流表代表了公司未来一段时间内,预期现金流入及流出情况。

盈亏平衡分析也是财务计划及预期部分的一项重要内容。它体现了公司为了补偿所有成本,而需要达成的生产及销售水平。投资人通常会重点了解盈亏平衡分析内容,因为创业者或企业通常会对创意项目落地及新产品与服务的盈利前景盲目乐观,如果不对该部分内容进行严格检验,将会使投融资机构承担较大的投资风险。

商业计划书结束语强调精练性,激发投资方了解创意项目及公司相关信息的兴趣,在其心中留下深刻印象。在商业计划书结束语中,应该包含和公司融资密切相关的各种细节信息,例如,公司内部基本状况、公司的核心竞争力及短板、公司的主要竞争对手、公司的财务规划及营销策略、给投资方带来的预期收益等,通过精练的内容描绘企业未来广阔的发展前景,快速打动投资人,并赢得其认可与信任。

◎ 投资回报与退出机制

投资回报和退出机制也是投资人希望在商业计划书中了解的重要内容，因为投资人投资的目的就是盈利，而投资回报和退出机制直接决定了其能否盈利。

在解答投资人关于投资回报和退出机制方面的疑惑时，企业需要在商业计划书中表明：公司未来上市、出售给第三方及企业回购投资人股份的可能性及具体方案，也是三种最为常见的退出机制；同时，在投资回报方面，企业要给出具体的数字。需要明白的是，投资人想要的是现金回报，而不是股份。

◆ 投资人退出方式

无论最终是否能够达成预期投资目标，投融资机构最终都要退出融资公司。投资方投资的目标是为了获取较高的投资回报，而安全、高效、低成本的退出机制是投融资机构退出投资项目，并确保投资收益的重要手段。所以，在商业计划书中，创业者及企业要向投融资机构详细说明退出时可以选择的方式，常见的退出方式包括：

（1）当公司上市时，企业可以向公众发行股票来募集资金，投资方通过将自身持有的股票在公开市场上抛售而完成变现。

（2）当公司出售给第三方尤其是被其他企业收购时，投资方也能够根据自身持有的股权获得相应的回报，而且这种回报往往颇为丰厚。近几年，以BAT为代表的互联网巨头进行了广泛的投资兼并，很多创业者也借此机遇积累了大量财富，自然也为投资方带来了相当可观的投资回报。

（3）回购。随着企业不断发展壮大，为了加强管理层对企业的控制能力而回购股票的行为也非常普遍，选择这种退出机制时，企业通常会和投资方约定回购时间及价格，当然，为了企业长期发展，履行约定的时间可能会提前或推迟。

投资回报代表了投资人投资后能够获得的收益，不同的行业市场情况有所差异，投资回报也会有所不同，风险较大的行业投资回报率较高，反之投资回报率较低。确定投资回报率往往需要经过多次协商，需要参考行业平均水平、企业所掌握的资源及发展情况等。

◆ 时间表和里程碑

该部分通常是商业计划书正文的最后一部分内容，投资人希望在该部分内容中了解的信息包括以下两点：

（1）主要活动或计划的具体实施时间。

（2）何时能够达成关键里程碑。关键里程碑的内容重点包括公司正式成立、完成产品研发或服务设计、搭建核心管理团队、与供应商和分销商达成战略合作、产品投入生产并销售、实现盈利等。

对投资方而言，清晰而明确的时间表和里程碑意味着创业者或企业的核心团队对公司的运营及管理给予了高度重视，并为公司未来的长期发展制定了详细的战略规划。

投资方选择为创业者或企业投资，是为了获取利润回报，而后者则是为了得到公司发展所需要的资金，双方都有各自的利益诉求，最好的结局是能够实现合作共赢，但现实未必如此，为了得到投资方的认可与信任，创业者和企业需要让投资方能够认识到新产品或服务的诱人前景，并通过商业计划书展示创意项目落地以及公司长期发展规划。

Part 3

股权激励篇

第9章　股权激励：吸引、留住优秀人才

◎ 企业股权激励的定义与原理

如何对企业进行有效管理一直是学术界和企业关注的核心问题。在各种企业管理模式中，能够对员工进行长期激励、实现浮动薪酬的股权激励制度是研究者、企业和员工关注的重点。股权激励是指公司管理者、核心技术人才或普通员工持有企业股票，通过获取股票增值收益共享企业发展成果，以此将员工与企业紧密联结起来，为企业留住人才并激发员工更大的工作潜能。

◆ 股权激励的定义

股权激励是企业通过特定方式让经营者获得一定量的公司股权，使高层管理、核心技术人才、骨干成员等能够以股东的身份参与企业决策、分享企业利润、共担企业风险，从而帮助企业留住优秀人才，并使经营者更加积极主动地为公司工作的一种长期激励机制。

股权激励将经营者利益与企业利益紧密捆绑起来，使经营者从公司整体角度考虑问题和进行各种经营行为，兼顾了企业短期利益诉求与长期发展，实现了企业所有者与经营者的共赢。

在公司规模不断扩大、结构分散、管理技术越发复杂的情况下,很多公司都采用股票期权或其他股权激励方式对公司高层管理者、核心技术人才以及骨干成员进行有效激励,让这些公司经营者以股东身份参与决策、分享利润、共担风险,提高他们对公司的认同感和归属感,愿意投入更大的热情和精力为公司工作。

简单来看,股权激励就是让企业成员(管理者、员工)通过持有公司股票的方式分享企业发展成果,使成员与公司成为一个利益共同体,从而激励成员努力为公司服务的一种长期激励手段。

◆ **股权激励的原理**

股东与管理者之间是一种委托与被委托的关系,即股东将公司委托给管理者进行经营,借助后者专业性的经营管理实现公司更好的发展,并向管理者支付一定的报酬。对股东来说,其关注的是公司利益的最大化;而从管理者角度来看,他们更关注的是自己能否从公司中获取最大价值。

这就涉及如何平衡管理者个人价值诉求与企业整体利益的关系,最理想的状况是管理者与股东利益高度统一,股权激励便应运而生。通过股权激励,管理者成为公司股东,增强了对公司的认同感和归属感,愿意主动从股东利益角度思考和行动,从而帮助公司留住人才,激发成员更大的工作潜能。

◎ **企业实施股权激励的主要工具**

(1)业绩股票:是指年初制定合理的绩效目标,对年底完成目标的激励对象,公司授予一定量的股票或提取一定的奖励基金购买公司股票。业绩股票的流通变现一般有时间和数量方面的限制。

（2）股票期权：是指公司授予激励对象一种权利，后者可以在规定期限内以事先确定的价格选择购买（也可以放弃权利）一定数量的公司流通股票。股票期权也有时间和数量限制，且需要激励对象自己支付现金购买。此外，我国一些上市公司采用的虚拟股票期权激励是虚拟股票和股票期权的结合，即激励对象获得的是一种虚拟股票认购权，购买后获得的是虚拟股票。

（3）虚拟股票：即公司授予激励对象的是一种虚拟的股票，后者可据此获得一定量的分红和股票升值收益，但不具备所有权和表决权，获得的虚拟股票也不能转让和出售，且激励对象离职时自动失效。

（4）股票增值权：是指激励对象获得公司授予的一种权利，当公司股价上升时可以通过行权获得一定数量的股票增值收益，且不用为此支付现金，收益形式为现金或同等价值的公司股票。

（5）限制性股票：是指公司事先授予激励对象一定量的股票，但在股票来源、抛售等方面有一定限制，通常只有激励对象完成特定目标后才能售卖限制性股票获得收益。

（6）延期支付：即公司为激励对象设计的薪酬结构中有一部分是股权激励收入，但这部分收入并不会在当年就发放给后者，而是按照公司股票公平市价折算成股票数量，一定期限后再以股票形式或根据实时股票市值以现金方式支付给激励对象。

（7）经营者/员工持股：是指激励对象持有一定数量的公司股票，在股票升值时获得增值收益，当然在股票贬值时也会遭受损失。股票来源方面，可能是公司无偿转赠或补贴激励对象购买，也可能是激励对象自己出资购买。

（8）管理/员工收购：是指公司管理层或员工通过杠杆融资的方式购买公司股份，成为公司股东，与原有股东共享利益、共担风险，从而改变企业原有股权结构、控股结构和资产结构，实现持股经营。

（9）账面价值增值权：包括购买型和虚拟型两种。前者指激励对象在期初以每股净资产值实际购买一定量的公司股份，期末再按每股净资产的实时价值回售给公司，获得增值收益；虚拟型则是公司直接赠予激励对象一定量的名义股份，后者不需要支付现金，期末时根据每股净资产增值和激励对象获得的名义股份数量向后者支付相应的现金。

股权激励有效结合了企业短期利益与长远发展诉求，兼顾了股东与成员利益，因此受到国内越来越多民营企业和国有控股企业的青睐，被认为是激发企业内部活力的"灵丹妙药"。不过，股权激励要发挥出最大激励价值，需要企业全面深刻地理解这一激励机制，并结合自身实际情况进行合理运用。例如，授予激励对象的股权数量不能太少，否则难以达到激励效果；但也不宜过多，以免影响企业股权结构甚至造成内部人控制的现象。

◎ 企业股权激励制度面临的挑战

股权激励已成为很多公司普遍采用的激励机制。不过我国企业对股权激励模式仍处于引入、学习和探索阶段，再加上股权激励机制具体实施中受到制度环境的制约，影响了股权激励的效用发挥。

总体来看，现阶段国内企业实施股权激励制度主要面临以下问题：

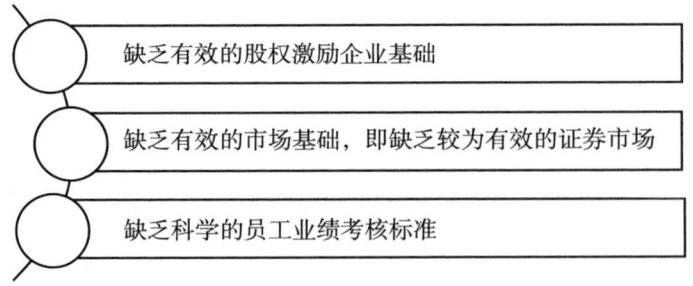

图9-1　企业股权激励制度面临的挑战

◆ 缺乏有效的股权激励企业基础

主要表现为公司内部治理结构不合理。国内很多上市公司的董事长与总经理为同一个人，公司经营权与所有权没有分离，外部董事比例很低，监事会受内部人控制，缺乏独立的薪酬委员会。

这种不科学、不规范的治理结构，容易造成管理者为获得更多个人利益而给自己发放过多的股票期权，从而使股权激励机制失去应有的激励效果。同时，对管理层的过度激励会促使管理者与财务部门共谋，通过各种手段抬高股价以获取更多利益，最终造成公司亏损而管理层获益，损害其他股东的利益。

对此，我国企业应努力向所有权与经营权分离的现代企业管理模式转型，构建合理规范的内部治理结构。上市公司在计划采用股权激励制度时，要积极与财务部门沟通，全面充分考虑可能的会计后果，避免因实施股权激励造成公司业绩的大幅波动。

◆ 缺乏有效的市场基础，即缺乏较为有效的证券市场

与发达国家相比，我国股票证券市场尚不成熟，存在投机性严重、内部人操纵市场等问题，导致很多情况下公司股价与公司业绩呈现出非对称现象。在这种情况下进行股票期权激励，可能会出现业绩优良的公司股票期权无法获利或收益很少，而业绩亏损的公司股票期权却获得丰厚回报的不合理现象。这一问题的有效解放方案是提高中介评估机构的执业水平，并将股权激励方案进行公示。

当前我国尚未形成一个科学规范的公司业绩评估标准，因此首要任务是提高独立财务顾问机构的执业水平，尽快构建评估公司业绩的客观合理的标准体系，以便可以科学公正地评估上市公司的股权激励方案，避免管理层通过股权激励侵占其他股东利益；同时要将激励方案进行公

示,以便让其他股东、监管部门和投资者看到管理团队获得的股权激励是他们为公司努力付出应得的回报。

◆ **缺乏科学的员工业绩考核标准**

任何激励制度都必须首先保证自身的公平公正性才能发挥出应有的激励效果。股权激励机制同样如此,需要基于对员工绩效的科学客观考核进行合理的股权分配,如此才能发挥出激励作用。

然而,当前我国大部分上市公司并没有建立科学合理的员工业绩考核体系,常常存在考核指标单一片面、评价对象与目标不明确等问题,导致员工绩效考核结果不准确,进而造成实施股权激励时股票期权分配不公,影响激励效果。对此,国内企业可积极利用先进的互联网信息化技术构建科学完善的员工绩效考核体系,如依托信息化系统平台进行价值链成本核算,形成科学动态的公司绩效评价体系。

实现绩效管理的关键是将公司运营各环节数据进行汇总归档,建立绩效考核报表信息系统,即利用信息技术及时获取分散琐碎的财务报表数据、生产统计数据、安全质量数据等各种关键绩效数据并进行有效分析,形成关键绩效考核指标体系,实现对员工业绩的准确合理评估,使股票期权分配公正公平,从而真正发挥出股权激励制度的价值。

◎ 企业实施股权激励的五项原则

当前,股权激励已成为众多企业普遍采用的激励制度。要想发挥出股权激励的最大效果,需要企业综合考虑自身战略、发展阶段、股东意愿、激励对象预期、公司对激励资源的释放强度等多方面因素,制定最适宜的股权激励方案。

公司应根据不同发展阶段的特点和需要设置合理的股权激励政策。起步阶段，股权激励水平不宜过高，激励对象也不能太多，应根据实际效益状况以及管理人员在公司经营中的责任轻重和承担的风险大小确定激励范围；成长阶段，由于人才流动性强，公司应制定较长的行权期，且行权比例逐级增加，以便留住核心人才；稳定阶段，股权激励成本逐渐增加，此时应考虑缩短激励对象行权期。

企业还应制定合理的业绩指标体系来确定激励方式。在确定业绩考核指标时，要兼顾当期效益情况与企业长远发展，综合考虑企业盈利水平与股票市值变化等因素。同时，股权激励的比例和数量要与公司盈利以及激励对象的绩效挂钩，以便最大程度发挥出激励效果。

总之，一个好的股权激励方案要全面考虑到行权期限、退出机制、激励成本、企业盈利与成员绩效等各种因素，并协调整合企业人力、物力资源去有效执行，才可能真正发挥出股权激励的效果。

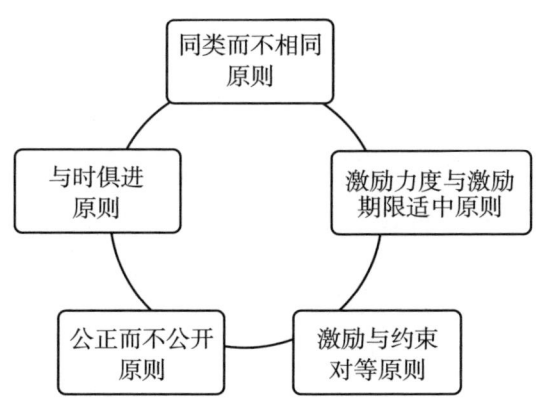

图9-2　企业实施股权激励的五项原则

◆ 同类而不相同原则

由于不同企业的发展规模、发展阶段、所处行业及竞争环境等存在一定差异，其采用的股权激励方案也应该有所不同。一般来说，公司管理层及核心团队是股票期股激励模式的主要激励对象，他们获得股权时，可以分期支付，对那些现金并不充裕的激励对象尤其适用。即便采用同种类型的股权激励模式，具体的执行方案也不尽相同。

以同时采用股票期股激励模式的 A 公司、B 公司为例，A 公司经营业绩良好，核心团队等激励对象有着优厚的薪资待遇，每年可以获得较高的分红，所以，他们可以毫无压力地购买股权，公司将期股偿还期设定为 3 年，锁定期为 2 年；B 公司尚处于初级发展阶段，核心团队等激励对象工资相对较低，每年获得的分红更是少得可怜，所以，他们需要公司为其提供贷款购买期股，公司将期股偿还期设定为 4 年，锁定期为 3 年。

◆ 激励力度与激励期限适中原则

没有哪个股权激励模式是万能的，都有一定的优缺点及适用范围，在实践中，需要企业根据实际情况灵活地制定股权激励方案。为了确保股权激励能够达成激励目标，必须充分考虑激励对象的薪资待遇，与此同时，行权期限也会对股权激励模式的激励效果产生影响。

不难想象，当行权期限过长时，核心团队等激励对象很容易对回报丧失信心，难以产生实际激励效果。反之，则有可能让核心团队等激励对象变得急功近利，过度重视眼前的蝇头小利，而对企业的长期发展缺乏足够的重视。因此，企业必须要花费足够的时间与精力来确定最佳行权期限，确保最终能够达成预期激励目标。

◆ 激励与约束对等原则

无数案例告诉我们，只有组织成员的权利和义务对等才能让企业持续、稳定增长，对股权激励亦是如此。激励对象通过股权激励获得的收益越高，其积极性也就越高，但如果缺乏有效的监督，员工可能会为了完成考核目标而弄虚作假，甚至不惜牺牲顾客及企业整体利益，从而给企业带来不可挽回的重大损失。

为了股票套现而弄虚作假的情况时常发生，在部分上市公司中，缺乏有效监督的高管为了抛售手中的股票套现，而对经营业绩造假提高股价，这种非法牟利行为会给企业的长期发展带来极大的负面影响。所以，企业进行股权激励时，在确保激励对象被利益激励的同时，也要使其承担相应的责任，用完善的监督机制规范其行为。

◆ 公正而不公开原则

确保股权激励方案的公正性是十分关键的，不能因为年龄、性别、容貌、个人主观印象等因素而有所偏向，将员工为企业创造的价值作为评判标准。之所以不公开，是因为考核量化标准很难得到所有组织成员的一致认可，即便考核人员公平公正地对每个员工业绩进行考核，也并不意味着激励对象一定会认可这种考核方式。

我们都希望能够得到公平公正的待遇，但对何为公平公正并没有统一的判断标准，而且高估自己并忽略他人的贡献和能力是人的天性，当认为那些不如自己的人获得更多的利益时会产生愤怒等负面情绪，从而影响日常工作。这种被所谓的"不公平感"包围的人，很难冷静下来去反思自己的不足，而是每天抱怨，不积极配合团队工作，不但无法取得实际激励效果，还会影响企业经营业绩。

所以，为了让激励对象能够专注于完成激励目标，提高自身的专业能力及综合素质，而不是抱怨他人比自己得到的更多，不公开激励对象的具体激励细节是十分必要的。

◆ 与时俱进原则

随着企业的逐步发展，其规模与体量、管理模式、组织结构、盈利能力、发展战略、竞争环境等也会发生改变，因此，企业的股权激烈模式也应该与时俱进，能够根据内外部变化，及时做出调整，在降低激励成本的同时，确保能够实现激励效果最大化。

第 10 章　拟上市公司的股权激励实施方案

◎ 拟上市公司常用的股权激励方式

大部分公司在上市之前都会进行股权激励，由于没有做好股权激励工作对公司整体上市进程造成影响的案例并不少见。创业板中的统计数据显示，多数创业板上市公司都在上市前进行过一次股权激励行为，少数几家公司实施过两次甚至多次股权激励。

其中，成立于 2001 年的神州泰岳软件公司在上市前总共进行过 6 次股权激励；吉峰农机则将股权激励常态化，建立了针对管理人员和中基层骨干成员的一年一次的股权授予机制。在激励模式上，当前已在国内 A 股上市的公司在上市之前多是采用与业绩挂钩的现股激励方式。

◆ 母公司以拟上市子公司的股权为标的

宁波三星电气股份有限公司隶属于奥克斯集团，该集团制订了《奥克斯集团忠诚激励计划书》，针对奥克斯集团和三星电气公司的高层管理及其他员工（即激励对象）开展忠诚激励计划的股权激励方式。

奥克斯集团以拟上市的三星电气的股权为标的，允许激励对象以事先确定的价格和条件买入三星电气股份，不过购买股权的成员需要承担相应责任,主要是在奥克斯集团或三星电气公司工作一定年限。

奥克斯集团转让的是其通过宁波高胜投资公司持有的三星电气股份,数量控制在1000万股以内,价格为每股净资产1.91元。授予条件方面,奥克斯集团要求受让人获取三星电气股份后,在集团及其下属子公司工作5年,且在此期间不能做出有损公司利益和声誉的违法违纪行为,如受贿、索贿、贪污、盗窃、泄露经营与技术机密等。

如果激励对象没有完成相关承诺,则会受到相应的惩罚:若是在三星电气上市之前违反承诺,激励对象需要将获得的股份以1.91元/股的价格回售给奥克斯集团;若是三星电气已经上市,激励对象虽然不用回售所得股权,但要将这部分股权带来的增值收益在约定时间内以现金形式支付给奥克斯集团。

◆ 上市前的限制性股票激励计划

即公司在上市前的某个时点(如报告前第一年),通过向管理人员、核心技术人员和骨干成员授予公司部分股权的方式,激发他们在上市报告期更大的工作热情。限制性股票的来源有两个:公司增发新股或者由公司大股东授予。

在这种股权激励模式中,公司会建立比较完善的授予和考核体系,并在上市前的每个年度按照制定的经营绩效考核指标对股权受让人进行考核。若管理层、核心技术人员没能通过考核,则要将获得的限制性股票以授予价格回售给大股东。

◆ 上市前的业绩挂钩股票激励

同样是在上市前的某个时点(如报告前第一年)实施股权激励计划,将股权激励与业绩挂钩,在上市前的每一个财务年度都对公司管理层与核心技术人员进行业绩水平考核,如果完成了股权激励考核体系要求的目标，则允许他们以增资或者大股东无偿授予的方式获得公司股权。

◎ 拟上市公司股权激励的注意事项

◆ 上市前的股权激励计划尽量不要采用期权激励的方式

一方面，期权激励容易造成公司股本大小和结构的不确定性；另一方面，拟上市公司上市后的股权价值并不确定，因此期权激励方式的成本也不易确定，进而导致难以准确衡量上市前公司经营业绩的好坏。

◆ 企业内部应建立保证股权激励计划顺利实施的、完善的考核机制

公司内部的保密制度、法人治理结构、议事规则等制度安排中，都要有股权激励计划落地的保障措施。需要注意的是，股权激励并不能代替公司本身的管理制度、治理结构和绩效考核体系等内容，而是以这些制度为支撑并对后者形成有效补充，协同发挥激励作用。

◆ 为避免实际控制权发生转移，用于激励的股权比重不能太大

一般来说，激励股数量不能超过公司总股份规模的15%。如果公司股本规模较大，这一比例可以更低，否则容易触碰法律红线，也会损害股东利益。如果只有1人获得激励股，则不应超过公司股份总额的8%～10%；若是有多人，则主要受让人（一把手）可以获得激励股总数的30%（例如，激励股占股份总额的15%，则一把手可以获得5%左右的股权）。

限制激励股权的比例，既是国家法律层面的要求，也是为了防止出现内部人控制的风险。公司上市后，创始股东、主要大股东所持有的股权必然会随着大规模的融资行为而持续稀释，导致对公司的控制力减

弱。在这种情况下，若上市前股权激励的比重太大，就容易造成公司实际控制权的转移，出现内部人控制等诸多问题。如美国很多上市公司中，创始股东和主要股东的股权占比都不超过5%，股权十分分散，从而对公司的管理运营带来了诸多不便。

◆ **股权激励时应避免采用信托、代持等不正规的方式，以免因股权不清晰影响公司上市进程**

★ 代理持股：即投资人在向公司投资时，以其他人或投资公司的名义登记为股东身份。我国采用的是实名登记制度，因而常常将代持股的行为看作是逃避法律责任，不予承认股东身份。若拟上市公司存在代持股东，则容易被监管机构认为公司内部有潜在的股权纠纷，从而难以获得上市批准。

★ 虚拟持股：投资人向公司注资，公司则向投资人签发股权证明，但并不在工商管理部门进行登记。由于没有正式的工商登记，投资人与公司的关系既可能是股权关系也可能是债权关系。在这种情况下，一旦双方出现纠纷，就必然会影响企业顺利上市。

★ 信托持股：由于我国证监会并不认可信托持股的方式，同时也为了公司的股权稳定，已经采用信托持股方式的拟上市公司需要采取以下规范举措：按照信托法和信托协议终止信托行为，信托公司把根据法律清算的公司股权逐步转让给实际收益人，变为自然人持股，然后由获得受让股权的众多股东发起成立股份公司并上市。

同时，极度分散的股权结构会对公司未来稳定经营和良好发展造成一定影响，因此公司高管应主动向证监会做出承诺，并签订管理层持股协议（在公司上市前终止）。

◆ **采用增资方式进行股权激励时，增资价格应不低于每股净资产**

增资价格原则上不能低于每股净资产，与公允价值间的差额应作为股份支付进行会计处理，等待期内确认为费用的应立刻计入费用；公司要说明增资价格的合理性，解释与同期引入的外部战略投资者入股价格间的差异，非同一价格增资是证监部门关注和审查的重点问题。

◆ 股权激励后公司的股东总人数不能超过200人，更不能全员持股

我国《公司法》规定，股份公司的发起人总数不能超过200人，且发起人的股东一年内不可以转让，若上市还要遵守相关限售规定。因此，公司不宜将股权激励作为一种所有员工都能享受的福利，而要严格控制激励对象范围，主要针对高层管理、核心技术人员等对公司发展做出较大贡献的成员进行股权激励。

公司也要向激励对象明确指出需要承担的责任和义务，让他们愿意为公司发展长期奋斗，避免因激励对象在公司上市前（股权禁售期）退股产生股权纠纷而对公司上市造成不利影响。

股权激励不是授予员工股权就可以了，还要建立严格的管理制度和绩效考核体系，只有激励对象每次考核都能完成规定的绩效指标，才能获得相应的激励股权。

同时，股权激励是一种长期激励手段，只有在公司上市后激励对象才能获得股权的增值收益。因此，如果企业创始人没有较高的信誉度，不能获得员工的认同与信任，则实施的股权激励计划很难让员工相信，也就不能真正发挥出激励价值。而全员持股的激励方式，则容易碰触"非法集资"的法律红线。

◆ 股权激励实施中的相关税务问题

股权激励是公司对员工的一种激励奖赏手段，会为激励对象带来一定收益，因此必须注意相关纳税问题。例如，激励对象获得的赠予股权

如果有分红收益,就需要缴纳红利税;赠予股权虽然理论上也应纳税,但在实际操作中有很多不用缴税的情况,政府税务部门对这方面的关注也不多。

◆ **已经建立股权激励机制的拟上市公司,要根据上市要求进行规范**

虽然上市管理办法并没有对拟上市公司的股权激励行为做出明确规定,但却要求公司股权结构明确清晰、不能有潜在股权纠纷,这成为拟上市公司对已有股权激励机制进行规范的方向和原则。

◆ **高管持股、期权、虚拟股票、限制性股票等股权激励方式的风险**

拟上市公司在针对高层管理人员进行股权激励时,需要注意可能出现的以下问题与风险:

(1) 激励对象辞职、离职或被辞退时,其获得的股权如何处理;

(2) 高层管理者成为公司股东后,如何对他们进行有效控制与管理;

(3) 如何让股权激励发挥出长期的激励效果;

(4) 对新加入或公司引进的高管进行激励时的股权来源问题;

(5) 终止承诺的股权激励,导致高管人员对公司或大股东产生不信任和怀疑;

(6) 终止股权激励后提出的补偿方案无法让高管满意,则会对他们的工作积极性造成不利影响;

(7) 激励对象出现死亡、离婚的情况或面临刑事责任时,激励股权能否继承的问题。

◆ **公司正式上市前应完成股权激励计划**

拟上市公司实施股权激励计划的最终目的是顺利完成上市,因此在制定激励方案时要与以后的上市紧密联系起来，在上市之前完成相关的行为协议，而不宜将股权激励计划延伸到上市以后，以免给人以逃避监管的嫌疑。

上市公司是受到证监会严格监管的，而国有企业之外的其他非上市公司是没有任何明确的法律监管规定的。因此，拟上市公司将股权激励跨期，就等于提前对上市后的股权进行安排，容易被认为是逃避监管，在上市审核方面难以获得证监会的支持。

同时，股权激励的形式多为实物股权奖励，其作为股权转让协议中的一个条款约定，是需要对外公布的。当然，如果是作为公司与员工劳动合同中的附属条款，在劳动协议里进行了明确约定，那么就不会被认定为是逃避监管。

◆ 合理把握实施股权激励计划的成本

股权激励是公司大股东将所持股份以低于市价的约定价格转让给激励对象，或者是激励对象以低于市价或其他同期投资者的入股价格获得公司股份，因而需要依据股份支付的相关要求进行会计处理。

《企业会计准则第 11 号——股份支付》及应用指南对股份支付的确认、计量和相关信息的披露进行了明确规范：以权益结算方式针对职工的股份支付，要按照股份授予日权益工具的公允价值计入相关成本或费用，并相应地增加资本公积。

对于一次性增资或大股东转让这种直接授予的股权激励计划，则应将增资价格和转让价格与股权正常价值（一般为其他投资者的入股价格）的差额直接计入公司当年损益，若是设定了股权激励考核期，则应将损益逐步分摊到考核期内。

股权激励本质上是对公司发展做出重要贡献的核心成员进行的追溯性奖励，有着相应的成本，需要计入公司上市之前的成本费用。特别是

对一些创新型企业来说,股权激励的费用支出对整体盈利状况有很大的影响,如果激励成本过高,就会影响企业报告期内的利润水平,从而不利于企业顺利上市。

◆ **拟上市公司在申报前的6个月不宜再进行股权调整变动**

拟上市公司通过增资、转让等方式授予管理层与核心成员股权,最好在申报前的半年之前完成。证监会发审部对公司上市前的"突击入股"行为常常会进行严格审查,拟上市公司如果在申报前半年内出现增资扩股或股权转让,则需要提供详细的专项说明,包括增资原因、定价依据和资金来源、新股东的背景,是否有委托、代持、信托持股的情况,新股东与控股股东、实际控制人、中介机构等是否存在关系,新股东在公司未来发展中的角色价值等。

这些内容要经过保荐机构、律师的核查并给出专项意见,创业板发审部也可能会根据具体情况让派出机构调查。根据创业板发审部的规定,上市申报受理前6个月,如果出现控股股东、实际控制人转出股份的情况,则比照控股股东和实际控制人,受让人所持股份自上市之日起锁定36个月;如果是从非控股股东获得,则锁定12个月。

股权激励的价值在于公司上市后能为激励对象带来股份增值收益,如果所持股份被锁定,只能延期销售,那么激励对象获得的股权增值收益就有很大的不确定性,从而弱化了股权激励效果。

◎ 鼎汉技术:大股东低价转让股份

鼎汉技术(2009年10月30日上市):2007年11月,公司股东鼎汉电气以0.8元/股的价格将持有的1770万元股权分别转让给顾庆伟1026万元、杨高运300万元、幸建平108万元、方磊102万元、杨帆90

万元、吴志军72万元、张霞72万元。

在这些股权受让人中，顾庆伟是公司董事长，幸建平、方磊、吴志军、张霞则是公司董事和高管人员。在进行股权转让的同时，鼎汉电气又申请增加注册资本198万元，中国风投与中国宝安分别认缴132万元和66万元。

汉威电子（2009年10月30日上市）：2007年12月，汉威电子有限公司股东任红军、钟超、任红霞三人将持有的公司股权以每股1元的低价转让给公司35名管理人员、核心技术人员和业务骨干成员。

分析：这种股权激励方式主要是大股东将持有的股份以较低的价格转让给公司高层管理人员、核心技术人员和业务骨干成员。从受让人的角度来看，这些高管与核心技术人员在公司工作的时间较长，业绩优秀，对公司发展做出了重要贡献，控股大股东以低价转让股权的方式表示对他们工作业绩的认可和肯定，将其作为一种追溯性奖励。

不过，这种股权激励方式稀释了股东的控股权，弱化了大股东对公司的整体掌控力，对企业的后续运营也没有太大的激励效果。

◎ 探路者：管理层对公司进行增资

探路者（2009年10月30日上市）：2008年探路者公司召开的第3次临时股东会和北京立信会计师事务所公布的《验资报告》显示，肖功荣、冯铁林、石信等15人以货币形式向探路者增资1405万元，其中79.976万元为注册资本，1325.024万元为资本公积金。此次增资的15人中，除了肖功荣没有在公司任职，其他14名新股东均为探路者公司的高层管理者、董事或监事。

深圳市瑞凌实业股份有限公司（2010年12月29日上市）：主要以理涵投资公司为平台，通过员工持有的理涵投资公司的股权流转以及对瑞凌实业的增资达到股权激励的目的。

神州泰岳和吉峰农机两家公司在上市前都进行过多次股权激励：前者以增资扩股的方式实施过 6 次股权激励；后者则将股权激励作为一种常态化的激励手段，每年都会实施一次面向公司管理人员和中基层骨干成员的增资扩股激励行为。

分析：这种股权激励方式主要是面向公司管理成员与核心技术人员，动员他们增资扩股成为公司股东，以便在公司上市后可用获得股权增值收益。增资扩股的价格与其他财务投资者和战略投资者的价格基本相同。这种面向公司内部成员的增资扩股行为，一般都会有相应的考核体系，只有成员通过业绩考核、对公司发展做出较大贡献时，才能通过股权激励的方式成为公司股东。

◎ 佳豪船舶："曲线"实施股权激励

2007 年 12 月 22 日，佳豪船舶公司股东会通过决议，将注册资本从原来的 1066 万元增加到 1625.708 万元，紫晨投资以及赵德华等 35 名自然人借此成为公司新股东。

在此次增资中，公司原股东佳船投资现金出资 127.52 万元，以 1.0703∶1 的比例换算成注册资本 119.1412 万元；赵德华等 34 名新增的自然人股东现金出资 297.56 万元，以同样的比例转换成注册资本 277.9961 万元；另一名自然人股东王振华则以 6.4587∶1 的比例，将投入的 210 万元现金折合成注册资本 32.5142 万元；紫晨投资以同样的比例，将 840 万元的现金转换成 130.0566 万元的注册资本。

佳豪船舶的此次增资活动与前面提到的神州泰岳、吉峰农机等公司不同，是基于不同对象而采用不同价格的增资。除了王振华，紫晨投资与其余 34 名自然人（多是公司高层管理或核心人员）的出资价格相差了 6 倍左右。

佳豪船舶这种非同一价格的增资受到证监会的问询：为什么同一次增资的价格不同；此次增资行为是否属于股权激励；若是，股权激励的具体考虑是什么，确定激励对象的标准，是否有相应的制度性安排；同时，保荐机构、会计师、律师要对相关方案的有效性、合法性以及相应的会计处理是否符合企业会计准则要求等进行核查。

对此，佳豪船舶指出，这次非同一价格增资活动是在公司进行股份化转型之前完成的，因而并不违反有关规定。另外，紫晨投资也明确表示其增资价格高是出于真实意图，因此 34 名自然人的"低价"并不能视为一种股权激励行为。

分析：这种方式与前面提到的直接允许管理层与核心技术骨干成员增资扩股的股权激励方式不同，属于非同一价格增资，因此需要请保荐机构、会计师、律师就增资方案的有效性、合法性以及会计处理是否符合相关规定进行审查。

从上述几个案例可以看出，国内 A 股上市公司在上市前的股权激励方式多为现股激励，主要针对为公司发展做出了较大贡献的高管人员、核心技术人员和业务骨干进行追溯性激励，以保证公司上市前继续保持良好的发展态势，顺利实现上市目标，因为只有公司成功上市这些激励股权才能带来增值效益。至于公司上市之后为了吸引和留住人才而实施的股权激励，则主要包括期权激励、限制性股票激励、股票增值权激励等方式。

第 11 章　上市公司股权激励计划的实施方案

◎ 上市公司股权激励的分类和作用

在我国资本市场股份制改革进程日渐加快的背景下,如何对管理层进行有效激励、降低经营风险等方面问题日益凸显,而股权激励无疑为上市企业提供了一种解决这些问题的有效方式。但由于我国法律制度尚未完善,资本市场不健全等诸多因素的影响,导致上市企业在实行股权激励策略时会遇到很多方面的问题。

从本质上来说,股权激励是企业所有权及经营权分离、信息传播渠道不畅背景下,使企业委托者与代理人之间建立利益共同体关系,缓解个人利益与企业利益矛盾冲突的有效激励手段,对提高企业竞争力,促进企业长期、稳定、健康发展具有十分重要的价值。下面将对上市企业采用股权激励时的相关问题进行深入分析,从而为诸多国内企业提供借鉴。

股权激励授予企业经营者一定比例的公司股权,从而使其以企业股东的身份,从企业长期发展的角度出发,参与并制定战略决策,主动应对各种发展危机,从而有效激发其活力与创造力。股票期权、股票期股、业绩股票、虚拟股票、延期支付、限制性股票、管理层收购、股票增值权等是最为常见的几种股权激励模式。风险性、收益性及最后偿还性是股权激励最为显著的三大特征。

具体来看，从属于薪酬政策的股权激励具有以下三个方面的价值：

（1）对高层管理者进行有效激励。股权激励使企业经营者和所有者成为利益共同体，双方共享收益、共同承担风险，被授予一定比例的股权后，企业高层管理者既是企业经营者，也是企业所有者，在获得薪酬的同时，还能得到股息分红，从而促使他们为了提高企业业绩而努力奋斗。

（2）对高层管理者进行有效约束。股权激励是企业所有者委托经营者行使管理权，经营者创造的大部分收益归属所有者，通过股权激励激发经营者的积极性，避免为了追求个人利益最大化而牺牲股东的利益。

（3）吸引并留住优秀人才。优秀人才向来是企业抢夺的重要战略资源，而上市公司为了能够吸引更多的优秀人才，并防止现有人才被挖角，除了为之提供较高的现金回报，还需要通过股权激励来分配给他们一定的股权。

◎ 上市公司股权激励存在的主要问题

◆ 资本市场尚未完全成熟

股权激励机制的真正落地，不仅需要完善的股权激励方案，而且要有一个相对成熟的资本市场。股权激励作为一种长期激励手段，要通过一个较长的周期来实现，而相对成熟的资本市场无疑是其落地的重要基础。

然而在我国现有资本市场中，信息不对等问题尤为突出，缺乏足够

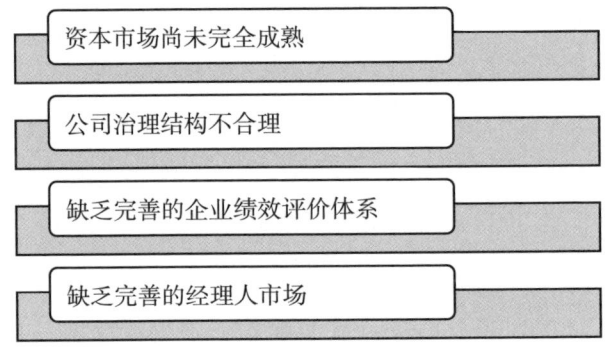

图 11-1 上市公司股权激励存在的主要问题

信息的局面下,无法对上市公司的真正价值进行有效考核。投机性交易在资本市场交易中占据较大比例,股票价格缺乏稳定性,无法对企业的管理水平和盈利能力给出客观公正的市场考核,从而导致上市公司推行股票激励政策后很难达到预期效果,无法充分激发高层管理者及优秀人才的积极性。

与此同时,我国股票市场有效性相对较低,上市公司管理水平和盈利能力的提升并不能真实地反映在股票价格方面,股票价格的增长或降低并不能反映出企业的真实经营状况,即便企业经营者有较高的管理水平或提高了企业的盈利能力,也未必能促进股票价格的增长,这必然会导致股权激励效果大打折扣。

◆ **公司治理结构不合理**

国内上市公司普遍缺乏科学合理的治理结构,权力过度集中在经营者手中,其对股权激励的负面影响主要体现在以下三个方面:

(1)部分上市公司董事会并不是严格地遵守独立于股东和经理层的规定,有些经理人同时也是董事会成员,上市公司的控制权被经营者所掌握,公司股东缺乏足够的话语权,股东大会的作用无法体现,从而影响了股权激励的效果。

（2）部分上市公司未能建立完善的考核体系，或者没有建立薪酬与考核委员会，从而使制定股权激励的决策者可能也是股权激励的受益者，这不但导致股权激励的价值无法得到充分体现，反而会对企业业绩及股东权益带来一定的损害。

（3）股权激励被滥用。几乎每家上市公司中的高管都能获得一定比例的股权，这使得股权激励被经营团队所控制，很可能会出现经营团队为了追求个人利益而损害企业股东权益的行为。

◆ 缺乏完善的企业绩效评价体系

我国上市企业的业绩评价体系普遍存在标准缺失、考核指标单一、考核对象目标不明确等方面的问题。目前，经营业绩是我国上市公司的主要考核指标，而在推行股权激励政策的过程中，加权评价净资产收益率、净利润增长率是主要考核指标，这虽然可以体现上市公司的经营业绩，但对于考核经营者为企业创造的价值而言，仅使用这两项指标未免太过片面。

从企业管理及运营的角度来看，影响企业业绩的并非仅是企业管理者的个人能力，企业所处的发展阶段、行业情况、市场环境、监管政策调整等因素都会影响企业业绩，而且企业管理者在这些因素面前能够发挥的空间着实有限。更为关键的是，采用业绩导向的绩效考核评价体系，容易导致经营者对经营数据弄虚作假，从而难以充分体现股权激励的真正价值。

◆ 缺乏完善的经理人市场

毋庸置疑，完善的经理人市场将会对职业经理人的流动产生积极影响，促使企业能够挑选出真正适合自己的经理人，从而确保股权激励机制能够真正落地。但很多国内上市企业的经理人并非是通过市场机制选拔而来，而是由行政部直接任命。

在这种情况下，对企业进行经营及管理的经理人不会受到外部竞争的压力，不会为了证明自己的能力而努力工作，那些有才能的优秀人才如果不能和行政部建立良好关系，则很难通过正常途径成功上位。在这种情况下，上市企业的高管不具备足够的忧患意识，不能带领下属积极参与市场竞争，无法为企业股东创造足够的收益，甚至会导致企业用户大规模流失，更不可能使股权激励产生预期的效果。

◎ 完善上市公司股权激励的四大措施

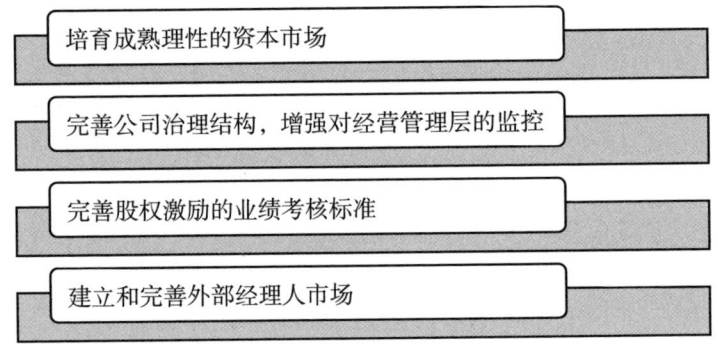

图 11-2　完善上市公司股权激励的四大措施

◆ 培育成熟理性的资本市场

资本市场的有效性直接决定企业管理者的工作能否得到公平公正的考核，建立成熟而完善的资本市场对我国上市公司推行股权激励机制具有十分重要的价值。在这种情况下，股票价格才能够真实地体现上市公司的发展状况，确保股权激励能够产生良好的激励效果。

所以，为了股权激励机制在国内上市企业中的价值得到充分发挥，必须提高资本市场的有效性，建立健全上市公司信息披露机制，对市场信息公开制度、评级制度及审计制度进行逐步完善，使股价能够有效体现出上市公司的真实经营状况。

此外，政府需要对证券市场进行有效监管，积极出台相关政策，形成完善的股票交易规则及监督体系，对上市公司发行股票及交易行为进行规范，避免证券市场沦为部分上市企业圈钱的工具，确保股权激励机制能够为上市企业的管理及运营保驾护航。

◆ 完善公司治理结构，增强对经营管理层的监控

对公司治理结构进行完善，提高对经营管理层的管控力，是股权激励机制能够在上市公司得到顺利实施的重要保障。具体来看，上市企业需要做到以下三个方面：

（1）对董事会成员结构进行优化调整，并引入外部董事，使管理层、监事会、董事会及股东大会等机构能够充分发挥其各自职能，通过多方协调配合，确保公司的高效稳定运行，并对管理层进行有效监管，防止出现为了个人利益而损害企业股东权益的行为。

（2）建立薪酬与考核委员会，并对其权责进行明确，赋予前者制定和监督企业薪酬的权力；使后者拥有对管理层进行考核及问责的权力，从而充分保障上市公司的经营业绩。

（3）确保监事会充分发挥其监督权，这需要优化监事会的成员结构，打造独立监事制度，对监事会的职责进行明确，使其能够对股权激励机制的落地情况进行有效监督，对高层管理人员的行为进行有效规范。此外，上市公司还需要充分确保外部董事的独立性，对外部董事诚信体系及考核机制进行完善，使董事会的监管作用得到充分体现。

◆ 完善股权激励的业绩考核标准

目前，国内上市公司通常是按照高层管理人员所具有的权力与责

任，建立相应的股权激励及绩效薪酬体系，从而使高层管理人员的薪资待遇和企业经营业绩相匹配。为了确保股权激励的作用得到充分发挥，上市公司需要对股权激励业绩考核标准进行有效完善，结合上市公司当前的发展状况，通过和公司战略规划及治理结构相关的公司形象、品牌建设、和投资方的信任关系等非财务指标，来考核上市公司业绩。

此外，采用弹性考核机制取代刚性考核机制也具有十分重要的意义，在市场经济长期低迷、我国经济面临较大下行压力的背景下，很难确保上市公司业绩能够持续稳定增长，而且很多行业也存在着明显的兴衰周期。

所以，对上市公司的业绩考核过程中应该尽量降低政策、市场环境等外部因素产生的影响，通过企业形象、用户反馈积极性等指标更为全面地考核企业经营业绩。当然，由于我国目前的资本市场并不完善，上市公司可以通过制定虚拟股权激励方案来提高管理层的工作积极性，而不是简单地将股价作为考核指标。

◆ 建立和完善外部经理人市场

上市公司尤其是国有上市公司存在的管理层任命及考核"官员化"模式问题尤为突出，这对于实施股权激励机制十分不利。为了解决这一问题，需要建立健全经理人市场机制。完善的经理人市场可以为上市公司筛选符合其需求的经理人提供有效途径，并促使经理人为了维护自身在经理人市场中的价值而努力工作。

以市场为导向，对上市公司经理人进行筛选并考核，充分确保筛选及考核过程中的公平性和科学性，将为提高上市公司的市场竞争力，推动上市公司不断发展壮大奠定坚实的基础。

（1）建立并完善经理人市场选择机制。在该机制的支撑下，市场将会给每个经理人相对公平的考核结果，对于提高经理人整体综合素质，避免经理人危害企业股东权益具有十分积极的作用。

（2）建立市场评价机制，对经理人的工作及企业业绩进行科学考核，从而确保股权激励机制能够在上市公司落地。

（3）通过严格执行相关法律法规，制定相关规章制度等对经理人的行为进行有效监督，避免由于经理人的投机行为，给企业带来重大财产损失。

随着现代企业制度的崛起，科学的管理方式在企业经营中扮演的角色越发关键，而作为一种能够对员工进行长期激励的管理手段，股权激励在上市企业中得到了普遍应用。对于国内上市企业来说，首先需要对股权激励实施过程中出现的问题进行深入分析，然后根据自身的发展状况，结合上述几点建议，制定出完善的股权激励机制落地方案，从而在充分激发高层管理人员潜能的同时，提高企业业绩，降低经营风险，使企业不断发展壮大。

Part 4

股权并购篇

第 12 章　股权并购的主要模式及操作流程

◎ 股权并购的基本操作流程

股权并购是指投资自然人或者投资机构以并购方的身份，和目标公司的股东进行股权交易，从而成为目标公司股东的投资行为。股权并购的操作模式十分多元化，市场中常见的操作模式主要有增资入股、股权受让、公司合并等。

本质上，股权并购交易的标的是股东对目标公司的权益，这也是股权并购和资产并购最大的差异。股权并购流程较为复杂，而且具有较高的风险，这种风险并非仅是单一的投资风险，还包括法律风险等多种风险。在企业界，并购投资是应用十分普遍的企业对外投资方式，而股权并购则是实施并购投资的一大主流方式。

◆ 股权并购 VS 资产并购

从本质上来看，公司并购投资是一种投资行为，指的是投资公司以股权并购或资产并购的方式获取目标公司的控制权，成为它的控股股东，或者接手目标公司的资产与业务，取代其在市场上的地位。

从法律关系层面来讲，公司并购的方式有两种，一是股权并购；二

是资产并购。

（1）股权并购，是指作为并购方的投资公司就目标公司权益与目标公司的股东进行交易，获取目标公司的控制权，成为其控股股东的行为。该投资行为的具体操作模式主要表现为股权受让、公司合并、增资入股等。

（2）资产并购，是指投资公司以受让目标公司资产的方式接管其业务，取代其在市场上的地位，实现公司并购的一种投资模式。

股权并购的交易标的是目标公司的股东持有的公司股权，资产并购的交易标的是目标公司的资产。除交易标的外，这两种并购方式在交易主体、交易程序、并购风险方面也有很大的差异。股权并购程序非常复杂，在并购过程中不仅要面对一般投资要面对的投资风险，还要面对企业并购独有的风险，并购风险较大。

从实务方面来看，在公司对外投资方面，并购投资是一种主要形式；在并购投资方面，股权并购是一种主要方式。为了保证股权并购能顺利进行，发现、预防股权并购风险具有重要意义。

◆ 股权并购的基本流程

股权并购是一种对目标股东持有的部分或全部股权进行收购的投资活动。控股式收购尤为常见，在控股式收购中，投资方实施并购后，将成为拥有目标公司绝对控制权的最大股东，而目标公司仍具备独立法人资格，保持原有的组织形式。当然，也有很多股权并购活动并不涉及绝对控制权的转移，仅是为了获得投资回报。一般来说，股权并购的基本操作流程包括以下几个步骤：

（1）收购方和目标公司管理层或股东初步交流沟通，达成收购意向，双方签订收购意向书。

（2）在目标公司的帮助下，收购方评估其资产，并对管理架构进行深入调查，了解公司的职工情况。

（3）收购方和目标公司及其债权人代表成立小组，拟定并通过收购实施预案。

（4）目标公司和其债权人签订债务重组协议，制定收购后债务偿还方案。

（5）收购双方进行谈判，拟定收购合同。

（6）收购双方根据相关法律法规及组织规章制度，交由股东大会等各自的权力机构对此次收购活动进行审议表决。

（7）双方权力机构审议通过后，将收购合同交由监管部门审批并备案。

（8）监管部门审批通过后，收购合同开始生效，双方根据合同规定办理资产及经营权转移相关手续，例如，股东变更登记工商及税务登记变更手续等。

◎ 股权并购的三种操作模式

股权并购主要存在受让股权、增资并购及合并并购三种操作模式，无论选择哪种操作模式，交易的标的都是股东对目标企业享有的权益，不过在使用条件及具体的实施过程等方面，这三种操作模式存在一定的差异，下面将分别对其进行详细分析。

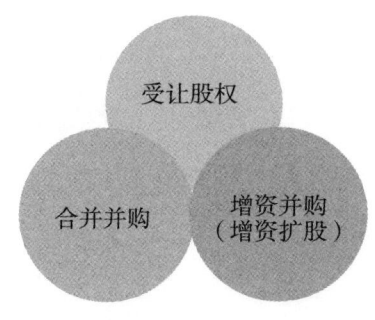

图12-1　股权并购的三种操作模式

◆ 受让股权

受让股权是指投资方直接向目标企业的原股东购买一定比例的股权，以便成为目标企业控制者的操作模式。与其他两种股权并购模式相比，受让股权较为简单、风险较低，所以应用较为普遍。采取受让股权操作模式时，需要找到目标企业中愿意出售股权的股东，并且按照规定履行相关程序。

在实践中，有时投资方会将受让股权和其他股权并购模式结合使用，例如，在采用受让股权模式的同时，通过向目标企业投资进行增资并购；在采用受让股权模式的同时，对目标企业进行合并并购。这种操作模式的目的，主要是确保投资方在目标企业中拥有较高比例的股权。

在受让股权操作模式中，投资方和目标企业出售股权的股东是交易主体，需要涉及公司规章制度的修改、变更公司登记等环节，为了确保交易能够顺利进行，应该使目标公司的存续股东放弃行使被交易股权优先购买权，以及参与企业规章制度修改的权利。

受让股权操作模式对交易中的股权比例并没有明确的限制，有的投资方为了确保对目标企业拥有绝对控制权，可能会全部购买。如果仅是为了共同控制，可以仅购买少部分比例的股权。

◆ 增资并购（增资扩股）

增资并购指的是投资方向目标企业进行投资，进一步提升其注册资本，从而取得其控制权的股权投资行为。从表面上看，增资并购操作模式不像受让股权模式一样，需要和目标企业的某个或几个具体股东进行交易，但事实上投资方是要与目标企业的所有股东进行交易，因为投资方增加企业注册资本后，会稀释目标企业原股东的股权。

增资并购应该是在目标企业进行融资，而且现有股东愿意接受投资方成为新股东时采用。增资并购相对复杂,具有较为烦琐的操作流程,需要涉及目标企业增资相关程序,以及投资方投资额和现有股东权益进行比价程序等。

进行比价时,需要确定目标企业现有股东所拥有权益的价值,一般是由交易双方协商出一个具体的数值。增资并购对推动目标企业的进一步发展具有十分积极的影响,而且新资本的涌入,还能大幅提振组织士气。和受让股权模式一样,增资并购也可以和其他操作模式结合使用。

◆ **合并并购**

合并并购通常是由投资方的企业或者其子公司和目标企业进行合并,从而取得目标企业控制权的股权投资行为。投资方可以不用花费大量的资金对目标企业进行投资,而仅是进行合并。需要注意的是,目标企业的原股东在合并并购完成后,将拥有新合并企业一定比例的股权。

不难发现,合并并购需要涉及两家企业甚至多家企业的股东,必须对这些股东所拥有权益的价值进行评估,从而确定其在新合并企业中拥有的股权比例。进行合并并购时,应该取得各参与合并并购企业股东的同意。

采用合并并购操作模式时,应该履行与企业合并相关的程序,最大的阻力源自于:使参与合并并购模式的各企业股东,关于在新合并企业中拥有的股权比例达成一致,由于这涉及每个股东的切身利益,所以需要经过长期的谈判才能取得预期结果,甚至有时会因为难以达成一致,最终导致投资方被迫放弃合并并购。

◎ 股权并购模式的适用条件

使用股权并购投资方式存在一定的限制,很多情况并不适合采用股

权并购，有时是因为不符合监管规定，不过更多的是出于控制风险的考虑，因为投资方不仅要承担资金风险，如果投资不慎，还可能会牵扯到法律问题。下面将对适用股权并购模式的条件进行详细分析：

（1）目标企业应该属于公司类型的企业。有些企业是私营企业或者合作企业，这类企业不具备完全独立的法人资格，投资方对企业的权益并不是通过股权体现的，所以，即便投资这种企业，也不属于股权并购操作模式。而且私营企业或独立企业的投资人对企业承担的是连带责任，而不是公司类型企业的有限责任。

（2）公司管理较为规范。从法律意义上而言，投资方对所有公司类型的企业都能采用股权并购的操作模式，但当目标企业存在管理问题，尤其是财务记录、财务核算及财务制度缺乏规范性，资产、纳税及合同管理存在漏洞时，如果采用股权并购，则很容易出现各种问题，对于这种企业，更为可行的操作模式是资产并购，而不是股权并购。

（3）出让方不能或者故意推脱公布目标企业的相关信息，而且投资方缺乏有效渠道获取相关信息，目标公司的股份不存在公允价值时，不应该实施股权并购。本质上，股权并购交易的标的是股东对目标企业的权益，而投资方无法获取目标企业的相关信息，而且后者股份又不存在公允价值，很难有效评估出让方提供的股份在目标企业中的权益，从而不具备股权并购的实施基础。

（4）目标企业股东尤其是作为出让方的股东，没有违约出资及虚假出资行为，不对目标企业债务承担连带责任时。

（5）目标企业的产品、品牌、厂房、设备、销售渠道、专利技术、市场份额等对投资方存在较高的价值时。不过，有的企业实施股权并购的目的是将目标企业作为壳公司，此时即便不符合这一条件，也可进行投资并购。

（6）有时候，目标企业经营的业务较为广泛，而投资方可能仅需要其中的部分业务，或者是目标企业存在一定的垃圾资产。当投资方决定对目标企业实施股权并购时，需要目标企业对这些垃圾资产及无价值的资产进行剥离。当然，投资方可以选择使用资产并购的方式来处理掉这些垃圾资产和无价值资产。

◎ 股权并购的优缺点比较分析

研究股权并购投资方式的优缺点，对于企业在运营及发展过程中有效控制对外投资风险，提高投资质量，具有十分重要的价值。

◆ 股权并购的优点

从实践来看，股权并购的优点主要包括以下几种：

（1）与资产并购及新设投资方式所不同的是，股权并购直接履行股权变更程序就能完成投资，而不用走设立新公司的流程。在股权并购模式中，投资者通常会沿用目标公司这个经营主体。

（2）直接利用目标企业现有业务流程及销售渠道资源进行商业活动即可。由于在股权并购模式中，公司的名称、产品、业务等不会发生变化，仅是股东构成发生改变，所以，投资自然人以及投资机构进行投资后，不需要像新企业一样从零做起。

（3）有效降低了招募并培训相关人才时的大量成本。如果采用新设投资方式，企业需要重新引入相关人才，而且招募的员工还需要经过一段时间的培训才能适应岗位工作，这无疑需要付出较高的成本。而采用股权并购方式时，通常发生调整的是企业的高管团队，基层及中层基本不会发生变化。

（4）降低企业的基本建设时间成本。这一点对于生产型企业尤为关键，如果采用新设投资方式，则新成立的公司必须耗费大量的时间进行基本建设工作，甚至有的企业可能需要3~5年才能完成，在产品更新迭代周期越来越短的移动互联网时代，企业已经掌握的生产技术及工艺可能会在这个过程中被淘汰。而采用股权并购方式后，直接使用目标企业的资源组织生产活动即可，如果控制得当，仅用3~5年便可获得投资收益。

（5）节约渠道及产品的开发及营销推广成本。当采用新设投资方式时，新公司在发展初期通常需要在产品开发、渠道建设、市场拓展方面投入大量资源，从而不可避免地造成亏损，而股权并购方式则可以有效解决这一问题。

（6）投资不涉及较大规模的现金流动。因为在股权并购模式中，投资自然人和投资公司是与目标企业的股东进行权益交易，而权益由目标企业的总资产减去总负债得出，也就是说，在投资目标企业前，目标企业已经具备了一定的借贷资金，不需要投资方进行大规模融资或使用较大规模的现金。

（7）与资产并购相比，能够有效减少流转税税款支出。当投资方采用资产并购方式时，目标企业所有权发生转移，必然会涉及不动产、无形资产及土地使用权等资产所有权的转移，此时不但投资方应该上缴契税，目标企业也要上缴营业税。

而采用股权并购方式时，不会涉及上述权益的转移，就算是由于目标企业名称变化而变更产权证照中的所有人，也不属于所有权转移，不用像资产并购方式一般缴纳大量契税与营业税。

（8）将竞争对手转变为自己可以利用的资源。如果采用新设投资方式，市场中的竞争对手仍然存在，投资方加入后可能会使竞争更趋白热化，而采用股权并购方式时，目标企业就转变为了投资方的资源，改变了市场中的原有竞争格局，甚至可以实现对行业的垄断。

◆ **股权并购的缺点**

所有的事物都有两面性，股权并购方式也不例外，具体来看，股权并购方式主要存在以下几个方面的缺点：

（1）因为在股权并购方式中的目标企业仍将继续存在，其民事权利义务也将继续存在，但考虑到原股东为了追求利润最大化，可能会对关键信息进行隐瞒甚至造假，如故意瞒报负债等，从而导致投资方对目标企业的权益受损。这是股权并购模式的最大风险，而且很难得到有效控制。

（2）在很多情况下，目标企业的设备、生产线、厂房等往往较为落后，和新设投资方式相比，股权并购确实不需要涉及较大规模的现金流动，但对落后的设备、生产线及厂房进行改造升级也是一笔不小的费用。

（3）一般来说，目标企业之所以被收购主要是因为其经营管理出现了问题，导致企业发展陷入困境，所以，股权并购完成后，需要对现有业务、组织结构等进行调整。但由于目标企业和大部分员工仍存在劳务合同关系，投资方往往需要耗费大量时间处理员工冗余问题，如果处理不当，还会造成严重的劳资矛盾，对企业形象造成沉重打击。

（4）并购程序较为复杂，被交易的股权需要得到目标企业存续股东的认可，对企业的规章制度进行调整时，也必须和存续股东进行谈判，为了避免出现原股东故意隐瞒或更改关键信息的情况，还要进行大量的研究调查，所以，实施股权并购时，通常需要投入大量的资源与精力。

（5）股权并购完成后，对目标企业资源整合及行使管理权时，往往会遇到较大的阻力。投资方采用股权并购方式时，通常选择相对控股，虽然为了更好地对目标企业进行管理，会进行高层管理团队的调整，但刚开始时，企业中的原有组织成员难免会产生排外心理，尤其是对于不选择从内部提拔人才，而是直接空降外部人才的投资方，原有组织成员更是会产生严重不满。

（6）监管部门对股权并购存在严格限制。

第 13 章 企业股权并购中的风险与防范

◎ 并购准备阶段的主要风险

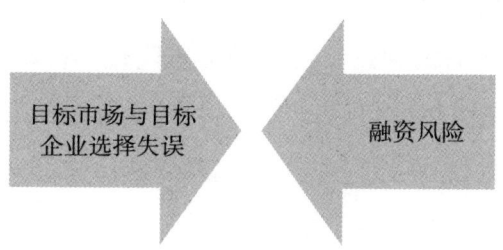

图 13–1 并购准备阶段的主要风险

◆ 目标市场与目标企业选择失误

目标市场由两部分构成，一是行业；二是地域。选择目标市场是公司股权并购的首要工作，一场成功的股权并购离不开正确的目标市场选择。目标企业是股权并购的对象，虽然投资方在并购目标公司之后能对其进行调整和改造，但目标企业选择正确与否对并购成败也有直接影响。从并购实践来看，目标市场与目标公司选择失误是难以挽回的根本性错误。

◆ 融资风险

企业并购需要大量资金，融资方式不当会使企业的资本结构与财务杠杆深受不良影响，使企业的财务风险显著增强。同时，如果不能按时完成融资，获取充足的资金，并购活动就难以顺利开展。根据筹资方式，融资可分为两种，一是债务性融资，二是权益性融资。

一般情况下，企业会以负债筹资的方式获取长期贷款，但因为银行信贷资金项目中没有企业并购信贷项目，所以，企业很难从商业银行那里筹集到长期借款。除负债筹资之外，企业还可以通过发行企业债券的方式进行债务性融资，这种融资方式的优势是成本较低，缺点是筹资时间长，筹资金额有限。

权益性融资是企业大规模融资的一种基本方式，这种融资方式的优点是企业无须承担固定利息，所以融资风险较小；缺点是资金成本较高，且企业无法享受纳税利益。总而言之，企业能否在短期内筹得并购所需资金对企业股权并购能否成功有直接影响。

◎ 并购实施阶段的主要风险

◆ 股东权利瑕疵风险

股东权利完整是股权并购交易的前提条件。如果股东权利存在瑕疵，则一定会导致投资方与并购方的利益受损，甚至会引起诉讼，使并购合同作废。具体来看，目标公司的股东权利瑕疵主要有以下几种：

（1）国有企业改制让员工持股，股权分配及股权变更不当使股东权利产生瑕疵。例如，在改制初期，企业随意确定员工的持股份额，引发员工不满；股权转让手续不健全，股权出让方的权利备受质疑；企业

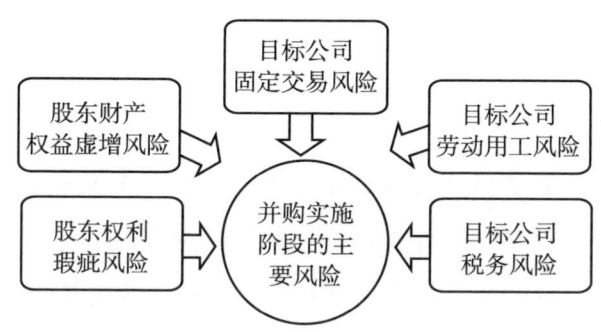

图 13-2　并购实施阶段的主要风险

改制过程中出现虚设股东名称、挂股代售等现象。一旦股权转让成功，员工所获收益就会出现较大的差距，引发群体事件或招致员工诉讼。

（2）有限责任公司利润增资股权分配存在瑕疵，公司股东之间存在诸多矛盾与争议，使投资公司的股权并购受到不良影响。

（3）集资与股份募集没有区分开，股东人数与所持股份无法明确。在投资公司发起股权并购时，无法对员工与公司之间的关系进行明确，给并购活动带来了一定的困难。

◆ 股东财产权益虚增风险

导致股东财产权益虚增的方式主要包括以下几种：

（1）对虚增股东权益进行评估。在股权并购过程中，对于公司享有的财产权益，股东要利用评估工具对其进行科学的评估。但在实践过程中，部分股权出让方却采用对虚增目标公司股东权益进行评估的方式抬高股东并购价格。

（2）应该报废的资产没有报废，使得股东权益虚增。

（3）应当提取减值准备的没有提取，使得股东权益虚增。

（4）应当提取坏账准备的没有提取，并购之后投资公司要承担坏账损失，使得股东权益虚增。

（5）销售返利、让利等活动没有预提，使得股东权益虚增。

◆ **目标公司固定交易风险**

固定交易指的是目标公司必须开展的交易，不能因为并购而终止。固定交易有两种类型，一种是目标公司维持生产经营必须开展的交易，另一种是人为设计的、有损公司利益还必须开展的交易，后者会给并购带来极大的风险。

例如，目标公司长期使用母体转供的水、电、气形成的固定交易；目标公司使用母体技术、配套件、设备形成的固定交易等。这些固定交易由来已久，在并购之前没什么问题，但在并购完成投资公司进入之后，投资公司将陷入必须使用但使用代价又很高的尴尬境地。

◆ **目标公司劳动用工风险**

劳动合同关系非常复杂，如果目标公司在劳动用工方面存在问题，发起并购的投资公司将面临巨大的风险，企业完成并购之后不会产生协同效应，并且并购方还要承担安置目标企业员工的责任，或者支付员工安置所需费用。对于这个问题，如果并购发起公司处理不当就很有可能面临较大的风险。

例如，国有企业持股员工未得到经济补偿，这些员工就会阻挠并购的开展，或在并购完成后向并购公司发难；目标公司员工太多，拖欠员工工资；关键岗位上的员工集体调职；等等。这些问题都有可能给并购之后的企业带来额外的经济负担，让投资公司面临较大的风险。

◆ **目标公司税务风险**

如果目标公司在股权并购之前存在税务问题，并购之后就有可能受到追究，给投资公司带来巨大的风险。目标公司的税务风险主要包括在监管期转让进口免税设备被追补税款；将实物促销与销售混为一谈被勒令补缴税款；超期出借包装物被相关机构认定为销售被勒令补缴税款；存在欠税、偷税等问题；等等。如果目标公司的税务存在上述问题，在并购完成后，并购发起方就要面临被处罚或被追缴税款的风险。

◎ 整合运营阶段的主要风险

图 13-3　整合运营阶段的主要风险

◆ 管理权移交风险

并购意味着并购发起公司不仅要获得目标公司的财产权，还要获得目标公司的管理权。在并购完成之后，如果管理权不能顺利移交就会使投资公司面临巨大的风险。具体来看，在并购过程中诱发管理权移交风险的情形主要有以下几种：

（1）根据公司的相关规定，股权出让方不具有管理权，在这种情况下，即便完成并购，投资公司也无法行使管理权对目标公司进行管理。

（2）在并购过程中，并购发起方没有就目标公司管理权问题与目标公司的存续股东进行协商，统一意见。股权转让完成，股权出让方离开公司，并购发起方对目标公司的管理受到目标公司存续股东的制约。

（3）目标公司的小股东凭借与员工的关系对公司进行控制。目标公司的小股东与公司员工联合起来对抗投资公司的管理，使投资公司无法顺利地行使管理权对目标公司进行管理。

◆ 企业文化冲突

在完成并购之后，如果两个企业的文化不能及时融合，就会造成巨大的冲突，使目标企业的员工产生严重的排斥心理与对抗心理，使得沟通无效，管理无效。诸多企业并购实践证明，并购之后的企业文化融合问题是企业并购整合的难点。投资公司要想对目标企业行使管理权，就必须废除目标公司原有的企业文化，代之以新的企业文化。

并购之后的文化冲突在国有企业表现得更加明显，也就是说，相较于民营企业来说，国有企业文化整合的难度更大。

◎ 股权并购风险的防控措施

◆ 制定发展规划，做好可行性研究

（1）制定企业发展规划

上市公司并购风险的一大来源就是管理者的非理性决策。导致并购失败的一大原因就是目标市场与目标企业选择失误，导致这种失误出现的原因就是企业没有自己的发展规划，不能理智地选择目标市场与目标企业，盲目、随意地开展并购活动。

（2）对目标市场与目标企业进行调研，充分采集调研结果

在并购过程中，因为投资公司忽视了对目标市场与企业的调研，企业领导仅凭自己的"感觉"与"经验"就确定目标市场与目标企业，没有进行充分调研，或调研仅是一个形式，导致目标市场与目标企业选择失误。对于企业来说，投资并购是一项重大决策，应做好目标市场与目标企业的调研工作，充分采集调研结果，根据调研结果结合充分论证做出理智决策。

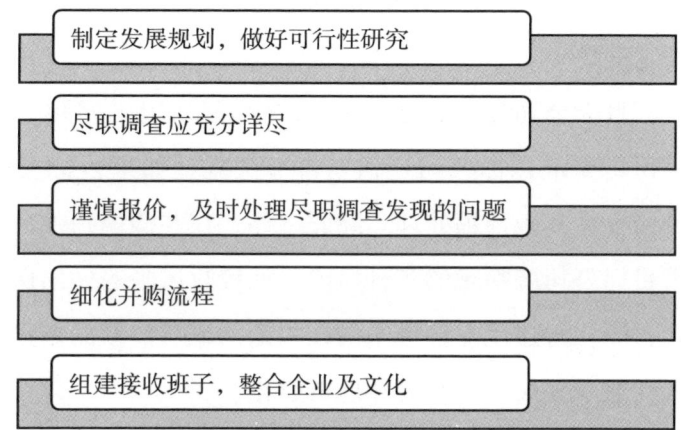

图 13－4　股权并购风险的防控措施

◆ 尽职调查应充分详尽

根据企业并购实践经验，投资公司之所以面临财产权益瑕疵、股东权利瑕疵等风险，关键原因是投资公司的尽职调研不详尽，太过草率，忽略了很多本该发现的问题，招致风险。所以，为了规避并购风险，投资公司必须开展充分详尽的尽职调查，尤其是面对目标公司的劳动用工风险，投资公司更应该走访员工、发布公示公告、开展详尽的尽职调查，以免出现遗漏，管理权移交风险的规避也应如此。

总而言之，投资公司要以目标公司的历史与发展现状为依据，开展详尽的尽职调查，对于并购问题要做到早发现、早解决。

◆ 谨慎报价，及时处理尽职调查发现的问题

目标公司虚增股东权益是为了虚抬股权转让价格。因此，在并购的过程中，投资公司要谨慎报价。无论是报价还是议价，都必须放在尽职调查后进行。对于尽职调查过程中发现的目标公司能处理的问题，投资公司应要求目标公司在并购之前予以处理。例如，对于没有必要的固定

交易，在签订并购合同时投资公司应要求目标公司解除合同，将固定交易变成非固定交易。

再如，因目标公司拖欠员工工资引发的劳动用工问题，在并购之前，投资公司应要求目标公司还清这部分欠款，如果目标公司无法还清，投资公司要对其做预提处理。除此之外，在并购谈判中，投资公司还可以要求目标公司就隐藏的各种风险，如税收风险等做出保证，将保证列入并购合同，将违反保证带来的损失纳入或然负债的赔偿范围，以便投资公司在遭受损失时能获得相应的赔偿。

◆ 细化并购流程

为了保证目标公司的管理权能顺利交接，投资公司必须对并购流程进行细化、完善。目标公司管理权移交需要通过一些必要的形式来完成，如召开员工大会、更换公章、宣布法定代表人的更换、委派总经理、委派财务负责人等。投资公司必须做好这些必要流程的设计工作，保证这些流程有条不紊地落实、执行。除此之外，为了保证管理权能顺利交接，投资公司还可以将目标公司决策权、管理权移交与并购款支付联系在一起。

◆ 组建接收班子，整合企业及文化

在推行并购战略的过程中，投资公司都会组建接收班子接收目标公司的管理权，代投资公司行使管理权。接收班子的能力越强，管理权移交与行使就越顺畅，相反，投资公司就会遭受目标公司的冷眼，无法顺畅地行使自己对目标公司的管理权。同时，完成并购之后，投资公司还要在目标公司中培养自己的骨干，做好目标公司其他员工的教育工作，秉持一体化的整合思想，做好企业及文化的整合工作，让并购后的企业实现高效运转。

第 14 章　上市公司的并购战略与案例实践

◎ 以上市公司作为主体实施并购

公司在实施并购战略的过程中,通常比较注重对投资标的价值评估、商定投资数额、拟定交易方式等,将其视为投资过程中的重要步骤。但很多做出并购的企业都没有认识到下面这个环节的重要性,那就是企业对并购主体的定位与选择。并购主体的选择对于企业并购战略的实施非常重要,它不仅关系到企业并购的规模和进度,还能够作用于并购之后企业的管理和运营。

现阶段,一些上市公司在发展过程中体现出经营规模不大、利润欠缺等弊端。但作为上市公司,这些企业需要应对来自众多投资方的巨大压力,这些利益相关者非常关注企业的业绩和盈利能力。在并购过程中,企业的高层应该正确认识战略实施所要承担的风险:

★ 并购后的团队或项目能否融入公司,为企业创收?

★ 若并购后的团队或项目无法融入企业中,应该如何操作?

★ 被并购公司的管理层在进入新环境后无法高效工作该如何解决?

★ 公司现有能力是否足以完成并购项目,并为公司今后的发展提供保障？

公司在实施并购前就应该对上述问题进行分析，不过，并购主体的选择与定位，能够有效帮助企业清除发展过程中遇到的阻力。而合适的并购主体能够有效促进并购后企业的运营与发展，增加企业的利润。

下面我们首先介绍上市公司并购战略的第一种运作模式，即以上市公司自身作为并购主体，实施并购战略。

优势：上市公司在实施并购战略时，不必以现金进行对价支付，并购后的收益能够直接体现在公司报表中，直接促进公司的成长。

不足：首先，如果公司市值并不高，并购会导致公司的股权比例被大幅稀释；其次，上市公司进行的并购，会涉及公司的管理、决策以及风险承担等许多复杂问题；最后，并购后如果不能给企业增加盈利，可能会有损公司的整体利润。

【案例】　　　　　　蓝色光标并购之旅

上市公司以自身为并购主体，实施并购战略的模式长期存在于商业领域中，这种模式能够对企业的业绩提升起到明显的助推作用。例如，蓝色光标在2012—2013年获得快速成长。该公司2010年的净利润达到6000多万元，到2013年已经增长到近4.9亿元，涨幅惊人，而该企业通过并购实现的盈利在总体中的比重超过50%。

蓝色光标通过并购实现企业迅速发展，并做到了盈利与市值共同增长、相互促进。促使其成功的因素有：

（1）蓝色光标是一家营销服务提供企业，能够通过并购方式促进企业的发展。这类公司在实施并购策略后，通常能够快速实现部门之间的配合，进而提高公司的盈利能力。

与技术型行业相比，营销服务型企业的资产体量相对较小，企业主要围绕客户资源开展运营，这类企业通过并购能够达到如下目的：①在原有基础上对客户资源进一步开发；②使企业本身的运营涵盖更多的产品或服务种类。并购战略的实施能够增加企业的客户资源，对用户需求进行开发，为客户提供多元化的产品与服务，更好地满足客户的个性化需求，实现公司业绩增长，从整体上推动公司的发展。所以，像蓝色光标这样的企业，在实施并购战略后，通常不会出现因公司缺乏管理或不注重资源整合，而导致被收购公司难以发挥其业绩带动作用的情况。

（2）在我国，企业的并购估值一般低于二级市场的估值，蓝色光标实施的并购战略，使得市场十分看好该公司的发展，直接促进了公司股价的上升，体现为市值的快速攀升。蓝色光标市值的上升使其在并购过程中更具优势。因为对上市公司来说，市值的增长代表企业拥有更加雄厚的资金实力。

（3）公司通过上市进行融资，抓住机遇展开并购扩张，促进自身市值的增长，之后进行股票发行，借此方式实现融资，最终达到市值与业绩的双驱动。

对蓝色光标的成长历程进行分析不难发现，通过上市，该公司成功融资6.2亿元，并借此机会迅速实现对外扩张，2012—2013年，企业将大部分资金用于并购战略的实施，在这个时期，蓝色光标的市值达到100亿元。如此大的市场估值为蓝色光标的并购提供了强劲的支持，此后，蓝色光标通过对外并购不断壮大自身实力，依靠自身的高估值，主要采用定向增发方式推动并购战略的实施。

◎ 以上市公司并购基金实施并购

下面介绍上市公司并购战略的第二种运作模式，即由上市公司出资成立产业并购基金作为投资主体展开投资并购，未来配套资产注入等行动。

优势：一方面，能借助上市公司的品牌知名度、影响力，调动社会资本的参与，筹集到更多的资金；另一方面，上市公司的资金力量雄厚，能够提供足够的启动资金。除此之外，这种方式能够避免上市公司的股权被稀释，还能通过特定方式将子公司的业绩体现到上市公司的报表中。

不足：国内外的资本市场存在很大的区别。在国内，股份公司的大股东或控股人往往不是基金投资人，所以，借助股东或者公司优势实现多方共赢的实例十分罕见。近年来，随着国内市场上私募基金的快速崛起，很多股份公司会联手私募基金共同创建并购基金，进而实施并购战略，之后，并购基金会对并购项目进行孵化培育，最后将优质项目并入上市公司，实现优势资源的整合利用。

【案例】　　　　大康牧业联合天堂硅谷创立基金

由大康牧业和天堂硅谷联手创办的基金于 2011 年 8 月正式投入运营，共同进行投资并购。自成立以来，已经通过基金实施了对和祥畜牧、登峰海化等一系列公司的并购计划。大康牧业和天堂硅谷一起管理所收购的企业，在具体运营过程中，双方的职责分别体现为：大康牧业承担公司的具体运营工作，会委派专业管理人员进行项目管理，充分发挥自己在专业领域中的优势；天堂硅谷则帮助企业进行行业趋势分析、进行企业资源的优化配置，为企业制定整体发展战略，进行未来发展趋势的预测。

该模式的采用，能够使企业获得足够的资金支持，例如，大康牧业出资 3000 万元，最终聚集了 3 亿元的社会资本，用于支持公司对外并购战略的实施。而且，通过这种模式实现并购，可以省去证监会审批的环节，能够节约时间，加快并购速度。此外，联手私募基金实施并购战略，在并购及后续运营过程中实现双方之间的配合，充分发挥私募基金的资源整合、行业分析能力，以及上市公司专业的运营管理能力，为公司提供支撑，实现业绩的提高。

随着国内的投资并购市场进入快速发展阶段，越来越多的上市公司将通过并购战略的实施壮大自身力量，在市场中占据重要地位。在这个过程中，并购主体的选择应该成为企业关注的重点，上市公司需要结合自身实际情况，根据投资标的价值和特性，通过恰当的并购主体实施并购战略，为公司的发展提供助推力量。

◎ 以上市公司大股东并购基金实施并购

下面介绍第三种并购模式，即由上市公司大股东出资成立产业并购基金作为投资主体展开投资并购。

优势：这种并购方式具有模式二中提到的所有优势，并体现出更多优势。首先，在这种模式下，股东只需要提供启动资金成立基金，就能够吸引市场上更多资金的参与；其次，公司能够联手专业团队完成并购与后期的运营管理；最后，股东能够与基金管理者共同对公司进行管理，强化对公司的管控作用。

不足：如果大股东本身的信誉不高、影响力较低，则很难获得较高的融资数额；基金的成立需要大股东提供启动资金，是对大股东资金实力的考验。

【案例】　　思科与红杉资本联合投资并购

思科公司的成长是美国硅谷新经济发展中的一个神话。思科在所有涉足的行业都取得了显著的成就，成为互联网行业的先锋。思科在发展过程中经历了多次投资并购，20世纪70年代诞生于硅谷的红杉资本则为其并购战略的实施提供了重要的支撑。

20世纪80年代，在斯坦福大学任职于不同学院计算机中心的夫妻俩，为了打通两个计算机中心的网络体系，成就了思科。1986年，思科开发出世界上首台路由器设备，使不同类型的网络体系之间能够顺利打通，并使整个通信行业进入新的发展阶段。思科公司于1999年在美国成功上市，公司市值一路高歌猛进，高峰时期达到5500亿美元，将微软甩在身后，问鼎世界冠军。

红杉资本是世界上最大的风投公司，诞生于1972年，为甲骨文、雅虎、苹果等众多世界级公司提供过资金支持。红杉资本投资的企业达数百家，这些企业的市值加起来，在纳斯达克市场总值中所占比例达10%以上。思科启动融资程序后不久，就收到了红杉资本抛来的橄榄枝，红杉也在思科的股东席位占据重要位置。时任思科首席执行官的钱伯斯即为红杉安排的公司管理人员。

成功上市后，思科呈现出迅猛发展态势，事实上，该公司的对外扩张就是通过并购重组实现的，数据统计结果显示，未进入21世纪时，思科完成的技术并购项目就达到260项。在互联网领域，新企业、新创意、新产品、新技术不断涌现。思科本身拥有雄厚的实力基础，其真正的威胁并非来自于朗讯、华为等现有的大型互联网企业，而是时时刻刻都在诞生、发展的先进科技。如果市场上涌现出能够引发彻底性变革的新技术，思科经过长期发展而获得的优势地位就可能不复存在。所以，思科将目标投向新来者，通过全方位地实施企业及技术并购，不断壮大自身的力量，进而巩固现有的优势地位。

那么，颠覆性的技术产品存在于何处？任何地方都有可能孕育出这样的技术，可能是在某个不知名的小公司，或者是默默无闻的实验室，抑或是创业者的办公桌上。所以，思科必须保持敏锐性，及时洞察行业发展态势，抢先了解最新诞生的新技术、新公司，在获取准确信息的基础上进行风险投资，避免被竞争对手抢占先机。

但是，在真正的落实过程中，思科并没有直接作为风险投资者出场。因为思科是一家互联网上市公司，在风险投资方面并没有优势，而且公司的管理能力、风险承担能力、决策流程等都会对其投资产生影响，所以，思科选择与风投公司红杉资本联手开展投资并购。

红杉投资发挥自己在风险投资和企业孵化方面的优势，与思科达成合作关系。在具体运营过程中，思科充分发挥自己作为互联网科技公司的专长，寻找有发展潜力的新公司，并对其整体价值做出评估，向红杉投资推荐其中的优秀者，由红杉进行投资。而后，红杉投资与思科共同孵化投资项目。失败的项目被视为风险投资的代价；成功的项目在发展成熟后将被思科并购，红杉从中获得投资回报，回报形式体现为资金或者思科的股票。

红杉资本联合思科不断地进行企业并购，在这个过程中，思科将整个行业内的优秀人才与先进技术逐一纳入自己麾下，实现了突飞猛进的发展，勇夺全球榜首。红杉投资也在这个过程中发展成世界知名的风投公司，在增加自身利润所得的同时，也提高了企业在互联网行业中的影响力。

这种模式的实施，能够实现多方共赢。从新技术公司的角度分析，企业得到资金支持，能够保证后续的生存与发展。从创业者的角度分析，自己所在的公司被思科并购后，他们的薪资水平会提高，同时能够在思科获得更好的发展。从红杉资本的角度分析，借助思科的专业眼

光，红杉能够找到优质的投资项目，提高投资成功概率，增加投资回报率，同时证明自身作为风投的实力，有利于企业实现更多资本的汇集。从思科的角度进行分析，该公司能够利用自身独有的科技优势、资金优势，借助于红杉的投资，网罗市场上的优秀人才和技术，实现了自身的迅速发展，进一步提高企业的竞争实力。另外，从华尔街市场发展的角度来分析，思科的成功发展，加速了资金流动，能够有效推动资本市场的繁荣与发展。

第 15 章 企业并购中如何控制交易成本

◎ 企业并购过程中的交易成本

并购是企业兼并与收购行为的统称。从本质上看,企业并购指的是在企业控制权运动的过程中,各权利主体以企业产权做出的制度安排为依据开展的权利让渡活动,该活动要在财产权利制度与企业制度下进行。在企业并购过程中,某权利主体通过出让所拥有的企业控制权获利,另一权利主体则要付出一定的代价获取这部分企业的控制权。

从本质上看,企业的并购过程就是企业的权利主体不断变换的过程。在企业并购活动中,资本资产是买卖标的物,但从本质上来看,资本资产买卖仍属于商品交易,只不过这种商品交易活动比较特殊而已。成本是衡量一个商品交易能否正常进行的重要指标。市场经济环境中的任何交易行为都要考虑成本问题,所以作为一项交易行为,企业并购也要考虑成本问题。

企业并购成本指的就是采取并购战略的企业在并购活动中付出的代价之和。这些成本包括有形成本和无形成本,包括并购成本也包括并购完成之后的资源整合成本。

并购成本可以分为两类,一是直接成本;二是间接成本,这两类成

本的落脚点都是并购过程。其中，直接成本包括目标企业选择成本、谈判签约成本、调查分析成本、目标企业反并购与直接并购支出，也就是并购价格，指的是企业为了获得目标企业的控制权支付给目标企业控制权所有者的费用，在并购成本中，这部分成本是重要组成部分。

从企业并购行为的特点与成本习性来看，直接成本主要有两类，一是交易成本；二是融资成本。其中交易成本指的是并购战略的实施方为了获取目标企业的控制权所支付的费用，融资成本指的是为了获取资金所支付的利息等。除此之外，并购完成成本也属于直接成本，并购完成成本指的是企业为获取目标企业的控制权付出的收购价格、交易成本、债务成本及其他附加成本的总和。

间接成本包含两部分，一是中介机构费用；二是整合成本。其中整合成本是企业在并购完成之后为了对相关组织机构进行调整、合并所支付的所有费用之和，是企业开展一体化运营的成本，其内容涵盖了组织结构一体化成本、人事一体化成本、业务一体化成本、文化一体化成本和管理一体化成本。从企业并购行为特点与成本习性方面来看，间接成本涵盖了税收成本、中间费用、后续成本及制度成本。

中介机构费用指的是并购战略的发起者支付给中介机构的费用，其中中介机构包括投资银行、律师、会记事务所等，并购资产总额越大，支付的中间费用就越高。税收成本指的是在并购过程中，政府按照相关法律法规向企业征收的税费之和。制度成本指的是在并购过程中，因所处环境中的制度规定、制度执行强度、制度健全程度等因素产生的成本。后续成本指的是在并购完成之后，并购发起方在经营管理、资源整合、市场建设等方面向目标企业投入的大量资金。

除此之外，间接成本还包括损失成本。损失成本包含两部分，一是因并购增加的生产经营成本；二是因并购失败诱发的损失成本。其中，因并购增加的生产经营成本指的是在并购整合阶段增加的各种资产投资

（如固定资产、流动资产等）及相关的生产经营费用。并购失败的损失成本指的是在并购失败之后，并购发起方为收购目标企业支付的所用费用都将变成损失成本。

◎ 企业并购需要遵循的四个原则

通过上面对并购成本的分析可知，仅凭财务会计中的投资成本，企业的并购成本无法得到规范。企业并购成本隶属于管理会计，是并购发起方的高层管理者推行并购战略、制定并购决策必需的信息，该信息对并购发起方是否发起并购行动有直接影响。

经过多年运营，企业积累了丰富的资源与资本，借助资本运营，这些资源与资本能得以有效释放，企业能实现进一步发展。在资本运营中，企业并购是核心内容，是企业实现快速扩张的一种重要手段。企业并购之后会形成一个新企业，企业并购的目的就是提升新企业的价值，从原则上来看，所有能提升企业价值的并购行为都具有可行性。这种不注重过程只关注结果的原则使很多企业的并购行为都以失败告终。

并购成本是客观存在的，因为该成本的存在使得并购的决策过程变得异常复杂。在实践过程中，对并购成本进行估算是并购活动的核心内容，是并购活动不可缺少的环节，也是并购决策的一大依据。在准备实施并购决策之前，企业要在并购收益与并购成本之间进行衡量，做出科学决策，保证并购所获收益大于并购成本，以免得不偿失，造成亏损。

另外，如果并购成本超出了并购战略发起方现有的经济实力，那么无论企业推行并购战略能获得多大的协同价值，能拥有多好的发展前景，并购方也不得不放弃并购。更何况，并购收益具有很大的不确定性，即便并购之后企业真的能获取巨额收益，这些收益也需要很长一段时间才能获取，而并购成本带给企业的经济压力却是即时的。

并购发起方在决定是否推行并购战略时，无论其秉持何种目的，都要在可行性分析阶段面对成本核算问题。如果不考虑并购成本，企业的并购行为就是不科学、不理性的，并购风险也将大幅增加。

企业并购业务面临的风险非常大，如果并购策略正确，就能推动企业实现跳跃式发展，反之，就会给企业带来巨大的损失，让企业陷入经营困境。所以，企业必须对自身的资源条件、发展目标、面临的市场状况等因素进行综合考虑，制定科学的并购策略。

通过对以往成功的并购案例进行分析可以发现，企业并购要遵循以下原则：

（1）企业并购要在企业战略框架内进行。未来，企业的发展前景、范围完全取决于企业的战略框架。作为企业扩张的一种手段，企业并购要纳入企业战略框架，为企业的并购活动提供一个合理的范围。

（2）在衡量并购对象价值的基础上对并购目的进行明确，对并购成本进行核算，对未来的收益能力进行科学评估。以保证并购收益高于并购成本为基础，对企业的并购方向进行明确，如扩大市场范围及企业的生产规模、提升企业的市场占有率、获取技术与人才、进入新市场、降低企业的经营风险等。

（3）以拥有剩余的经营资源为前提。剩余经营资源指的是企业做好现有的经营活动之外剩余的企业资源。以拥有剩余的经营资源为前提能有效防止因并购而产生的资源短缺、资金短缺等问题。

（4）明确企业自身的不足，寻找一个能弥补这种不足的企业进行并购。并购发起方与目标企业之间的关联性越强，企业并购成功的概率就越高。

总而言之，企业不能盲目地制定并购策略，并购策略的制定要以成本为导向。

◎ 企业如何选择合理的并购策略

通过上述分析可知，企业不能单纯地以企业现状为依据制定并购策略，还要将并购成本作为前提条件进行充分考虑。作为企业间的交易行为，并购既能为企业带来巨额收益，也能给企业带来巨额损失，将企业置于死地。随着市场经济的发展，为了在竞争激烈的市场上占据一席之地，为了不断地扩张、壮大，企业开始推行并购策略，开始一味地关注并购带来的收益，没有对并购战略实施的合理性进行深入研究。

为了制定合理的并购策略，企业要采取以下措施：

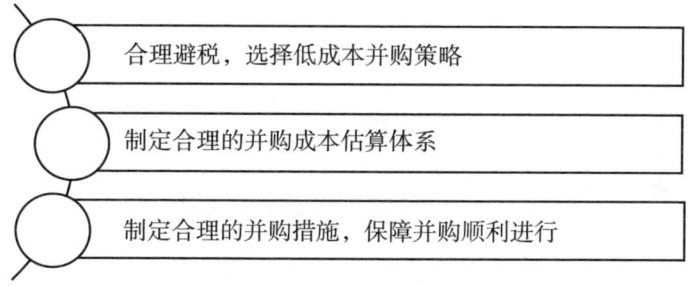

图 15-1　企业合理的并购策略

◆ 合理避税，选择低成本并购策略

资产类型不同，资产税率也不同，因此，企业可以采用一些财务手段实现合理避税。

（1）以股票换股票，这样一来，被收购企业的股东没有得到现金，没有获取资本收益，自然也就不用交税了。并且在不纳税的情况下，还能推动企业资产流动与转移。

（2）对被并购企业未缴纳的税款进行充分利用，利用被并购企业尚未利用的亏损税收进行收结转额。

（3）对现金资产进行充分利用，通过剥离被并购企业所拥有的资产对被低估的资产进行充分利用，在最大程度上减少税收。

（4）在股权出售方面，股东承担被收购企业的税负，公司不发生任何交易，自然就不用承担任何税负。从资产收购方面来讲，卖方当事人的身份是企业，企业出售资产所得扣除账面成本及相关费用之后剩余的资产需要缴纳所得税。股权收购要对卖方企业过去的亏损进行核定，以便扣除未来所得。

（5）在选择并购对象时，企业必须优先考虑那些能够享受税收优惠的企业，以减少税收。

总之，并购成本涵盖了各项税务成本，通过合理避税能使并购成本有效减少。在选择并购策略时，企业要对那些能减少税务、合理避税的并购策略进行优先考虑。

◆ 制定合理的并购成本估算体系

企业要对并购成本与并购收益进行权衡以制定合理的并购策略。如果并购成本高于并购收益，企业就必须放弃并购策略，在业内，该原则已成为一个共识。然而，在现实生活中，企业并购失败的案例越来越多，其原因在于并购成本估算失误。调查研究表明，现阶段，我国很多企业都没有制定合理的并购成本估算体系，使得并购成本估算经常出现失误。

通过上面对并购成本的分析可知，并购成本涵盖了有形成本与无形成本。因此，在制定成本估算体系之前要对各种成本进行综合考虑。相较于并购收益来说，并购成本的变动性不大，因此，企业要以并购成本为前提对并购策略的执行价值进行科学的判断。除此之外，在并购成本估算的过程中，相关信息收集发挥着巨大的作用，因此在并购战略实施前后，企业要做好信息收集工作。

因此，并购战略实施人员的首要工作就是以并购活动为中心收集信息，对自身、对被并购企业进行全面调研。一般来说，企业的外部收购人员很难对信息进行全面收集，在这种情况下，为了做好信息收集工作，企业必须对被收购企业进行实地调研。

为了做好并购前的信息准备工作，并购发起方的资本运营人员必须对目标企业的优劣势进行明确，让企业的高层管理人员对目标企业做出全面认识，让并购企业的管理者对并购成本予以高度关注，只有这样才能对并购成本进行科学、合理地估算。总而言之，并购成本估算体系要秉持为并购策略的选择服务的目标，保证并购策略选择的科学性、合理性。

◆ 制定合理的并购措施，保障并购顺利进行

企业并购之后的整合指的是并购发起方推行并购策略，获取被并购企业的股权、资产所有权、经营控制权之后，对资产、人员等要素进行系统安排，使并购之后的企业以并购目标、并购方针、并购战略为依据开展运营的活动。

并购后的整合活动需要将原有的两个或多个企业的运作体系有机结合在一起形成一个高效运作的整体，这些运作体系包括管理体系、服务体系、营销体系、生产体系、企业文化体系等。整合不是两个或多个企业简单地合并，而是一方对另一方的改造与调整。一般情况下，并购发起方是市场竞争中的获胜方，被并购企业是市场竞争中处于劣势或者被淘汰的企业，这些企业因销售不力、实力较弱、投资失败、管理不当等原因被并购。

在并购企业之后，如果并购发起方不对被并购企业进行改造与调整，其自身的经营优势就难以得到充分发挥，甚至还有可能因此背负沉重的负担。所以，企业制定的整合措施必须打破企业互相独立、自主经

营的局面，放弃各自的经营目标与经营方针，形成根据企业分工，以技术与性能为依据对被并购企业资产进行合理配置的新局面。

另外，并购发起企业还必须合理地安排被并购企业的员工。因此，为了顺利地推行并购策略，企业必须对并购措施进行合理整合。此外，并购后企业内部管理层的协调问题也非常重要。企业并购是一个复杂的过程，需要很多部门参与其中，由此会引发各种问题，如管理者权利分配问题等。因此，整合企业的并购过程必须对管理层设定、权力分配等问题进行综合考虑。

现阶段，我国市场经济高速发展，为了在激烈的市场竞争中占据有利地位，企业必须采取各种扩张策略。作为一种有效的扩张手段，企业并购被很多企业采用。有的企业并购成功，有的企业并购失败，并且以失败者居多。面对越来越多并购失败的案例，与企业并购策略相关的研究也越来越多。

在制定并购策略的过程中，并购成本是必须考虑的因素，对企业并购策略的选择起着至关重要的作用，对企业并购活动的成败有重要影响。简单来说，并购成本与并购策略选择关系密切，至此，关于两者之间关系的研究也出现得越来越频繁。

综上所述，企业要想选择科学的并购策略，关键是要对并购过程中的各种成本进行分析、估算，对成本与收益之间的关系进行科学的衡量，为科学并购策略的选择奠定基础，为并购战略的有效实施提供支撑，从而推动企业的扩张战略成为现实。

Part 5

IPO融资篇

第 16 章 实战解读企业上市前的资本运作

企业 IPO 之前进行资本运作的目的无外乎两种：其一，借助兼并收购的方式进一步加快企业发展进程，扩大市场份额，提升品牌影响力；其二，通过投资已上市的公司实现间接上市，当企业拥有的某家上市公司的股权达到一定比例后，便会将其收购，从而取得后者的绝对控制权。

下面对几种常见的资本运作模式进行简单介绍，从而为企业上市前的资本运作提供借鉴经验。

◎ 模式1：并购重组

并购重组也称为兼并收购，是指在符合市场机制的前提下，以获取某家企业的控制权为目的的企业实施的一系列产权交易行为。在企业界，兼并收购被认为是激活自身存量资产的有效手段。

◆ 完全接纳并购重组

这种方式需要将被收购企业的财产及负债全面接收，然后再剥离不良资产，盘活存量资产。完全接纳并购重组尤其适合那些产业存在重合的竞争对手，或者是产业链中的上下游企业之间，它可以使被收购企业打破发展困境,从亏损转向盈利。这两种关系的企业之间进行兼并收购具备较强的互补性,合并之后不但能够扩大整体规模,被收购一方的资产也能够得到充分利用,而且还有效避免了二者竞争所造成的成本浪费。

很多时候,完全接纳并购重组甚至可以不用支付现金,被收购一方的优秀人才也能得到很好地安置。此外,当收购双方皆为国有企业时,还可以得到国家在税收等方面的补贴。

国内最大的化纤原料生产基地仪征化纤(全称为中国石化仪征化纤股份有限公司),在发展初期就采用完全接纳并购重组模式使自身实现快速崛起。1995年,仪征化纤与佛山市政府达成战略合作协议,前者为后者10.81亿元的债务提供担保,并支付9400万元的土地使用费用,从而实现了对后者的全面控股。收购完成后,仪征化纤的规模得到了极大地拓展,并且减少了一个潜在的竞争对手。

◆ 剥离不良资产,注入优质资产

在这种并购重组方式中,收购方仅接收被收购方的优质资产、部分优秀技术人才及管理人才等,通常被收购一方需要拿出一笔资金用于对下岗员工进行补偿。一般来说,被收购企业会要求收购方用现金支付,而收购方则会要求不承担以负债为代表的被收购方的不良资产。

国内制药巨头三九集团收购国有企业哈尔滨龙滨酒厂就是这种模式的典型代表。哈尔滨龙滨酒厂由于经营问题而导致发展陷入困境,经过几年的连续亏损后,总资产严重缩水。1995年,三九集团与哈尔滨市政府达成协议,由三九集团花费1.4亿元购入哈尔滨龙滨酒厂的全部产权。据业内人士指出,要想重新建立一个这种规模的酒厂至少要花费2亿元,而且修建厂房、购入设备、培养相关人才等也需要耗费超过1年的时间。

◆ 吸收股份并购

这种模式相当于收购方企业用一定比例的股权来获取被收购方的资产。需要注意的是，收购完成后，被收购企业的法人主体地位宣告终止。

上海市政府全资控股的上海实业集团在发展过程中就曾采用过吸收股份并购模式。1996年底，上海实业母公司将旗下的光明乳业、汇众汽车、交通电器等多家公司注入上海实业，从而有效提升了上海实业的整体规模，而且没有涉及现金交易。

吸收股份并购模式的优势主要包括两点：

（1）不涉及现金交易，从而避免对收购方企业资金流造成压力。

（2）这种模式通常被用于控股母公司将其部分或者全部资产借助已经上市的子公司实现借壳上市，有效避免与现行市场监管政策出现冲突。

◆ 资产置换式重组

收购方企业根据自身的未来发展方向，以一些非核心资产为代价换取企业未来所需要的重要资源，从而进一步提升企业的活力和发展动力。

20世纪90年代，由于管理经营问题，上海交运集团旗下的上市公司钢运公司长期处于亏损状态。为了改变这一不利局面，上海交运集团决定将旗下的交机总厂与自身持有的高科公司51%的股权与钢运公司进行置换，由于钢运公司的价值相对较低，其中将近1700万元的差额将作为其对上海交运集团的债务。通过资产置换，上海交运集团实现了对钢运公司产业结构及未来发展战略的重大调整，最终成功盘活了大量优质资产。

资产置换式重组模式的优势主要有以下两种:

(1) 这种模式不涉及大规模的现金流动,收购方只需要支付少量甚至不需要支付现金,从而有效降低资金链压力,降低并购成本。

(2) 收购方企业可以对自己的存量资产进行优化,去除部分对自身没有太大作用的资产,而吸收能够与未来发展战略相契合的优质资产。这可以帮助企业对未来发展战略进行调整,并提升资产质量,而且企业的控制权不会发生变化。

◎ 模式2:股权投资

在股权投资模式中,投资方会通过购买被投资方股权的形式成为被投资方的股东,根据实际获得的股权比例享有相应的权利和义务。比较常见的股权投资方式主要包括以下几种:

◆ 流通股转让

公众流通股转让也称为公开市场并购,也就是收购方企业在证券交易市场中购买被收购方的股票,达到一定比例后最终成为上市公司的实际控制者。国内的流通股转让案例最早可以追溯到1993年宝安集团通过在证券交易市场购买大量股权举牌上海延中实业,此后流通股转让交易开始大量涌现。

在证券交易市场较为成熟的欧美地区,绝大多数上市企业的兼并收购都是以流通股转让的方式实现的,但在我国却并非如此,原因主要包括以下三种:

(1) 大部分上市企业的股权结构存在一定问题。很多上市企业中,不可流通的股权及存在一定限制的股权占比过高,甚至有的企业这部分股权比重达到70%,这就意味着可流通的股权比重太低,想要进行收购的企业很难在证券交易市场获得足够的股权。

（2）我国法律对证券交易市场中收购流通股的行为存在着严格的限制。尤其是当机构持有某家上市企业的股权比例超过5%时，必须在3个工作日内向监管机构做出书面报告，通知该上市公司并发布公告，后续过程中每增加或减持5%也要进行公告，这就使得收购方发布增持公告后，股价会大幅度增长，收购成本大幅度增加，而且被收购企业也会采取一定的措施来抵制收购。

（3）我国股市规模相对较小，而且仍存在大量投资者哄抬股价，想要通过收购流通股的方式必然要付出极高的代价。

◆ 非流通股转让

由于国家股、国有法人股等股份不能在证券交易市场中进行买卖，想要收购这部股权就需要通过股权协议转让的方式来实现。在股权协议转让模式中，被收购方根据双方签订的协议价格向收购方出售一定比例的股权，从而使后者取得前者的实际控制权。此外，国家股及国家法人股等非流通股份的股价普遍低于证券市场中的流通股价。

上市公司可以向非上市公司转让股权，非上市公司也能向上市公司转让股权。由于股权协议转让对股权价格、持股比例等方面都进行了明确规定，所以其在转让成本、转让效率及转让成功率方面都具备明显优势。

在诸多非流通股转让案例中，代表性较强的当属珠海恒通收购上海棱光。1994年，珠海恒通花费5260万元购入上海棱光1200万股国家股，以33.5%的持股比例成为后者的最大股东。如果是在证券交易市场获取同等比例的股份，花费的成本要达到3倍，而且无须进行多次公告，也不用担心投资者抬高股价趁火打劫。

我国现行《证券法》规定，当某一机构持有上市公司的股权比例达到30%时，必须要向后者发出收购要约。由于监管机构更加倾向于支持非流通股转让模式，并且规定收购方无须承担强制收购义务，这就使得收购方企业只要与上市公司达成一致，就可以相对容易地取得后者超过30%的股权，由于没有第三方介入，可以大幅度降低收购成本。

◎ 模式3：杠杆收购

杠杆收购是指将被收购方企业的资产作为抵押，向银行或者投资人融资。当然，如果通过发行债券的方式，广大民众也能成为其资金提供者。也就是说，收购过程中所需要的法律服务、金融咨询服务、资产评估等方面花费的巨额费用，主要源自于融资所得。

杠杆收购模式借助被收购方企业的资产及未来经营所得，支付银行贷款利息或者给投资人分红，它是一种收购方企业最小化收购现金流的方式，由于其与杠杆原理极为相似，企业界将其称为杠杆收购。

杠杆收购最早可以追溯到20世纪60年代的美国，该模式出现后凭借独特的优势立即受到了多家企业，尤其是金融投资企业的追捧。到了20世纪80年代，杠杆收购模式在欧美市场达到顶峰。杠杆收购模式的特点主要包括以下几个方面：

（1）收购企业花费的自有资金和总收购资金之间的差距较大，在该模式发展初期，后者甚至可以达到前者的数千倍。20世纪80年代，在美国出现了许多花费数十年建立的传统企业巨头，被各种利用杠杆收购的创业公司分而食之的情况，而被收购方企业中超过半数以上最后彻底消失。

目前，随着监管政策的不断完善，这种情况已经得到有效控制，一般收购方企业需要准备的自有资金约为总收购成本的10%，用垃圾股作为抵押等方式也被严令禁止。

（2）将近90%左右的资金都是收购方融资而来，提供资金的企业可以是银行、被收购企业原股东及投融资机构等。

（3）该模式用被收购企业经营利润所得，来支付银行贷款利息或者向投资人分红，长期来看，被收购企业是用自己的资产支付了收购成本。

（4）收购方企业不但投入的资金比例相对较低，而且无须承担进一步投资义务，银行、投融资机构等债权人也只能向被收购企业收取本息。通常情况下，贷款人会通过在被收购企业的资产上设定一定的条件，从而确保由被收购企业承担债务。

被称为"世纪大收购"的美国雷诺兹—纳贝斯克（RJR Nabisco）公司收购案是杠杆收购的巅峰之作。该收购的发起方是RJR Nabisco的高层管理者，他们认为企业的股价被严重低估，并向董事会提出要以170亿美元收购该公司股权，但股东对这一价格并不满足。

随后被称为"收购之王"的KKR公司入局，经过40多天的争夺，最终由KKR公司取得胜利。最终的收购价格高达250亿美元。但令人震惊的是，KKR公司花费的自有资金仅有1500万美元，余下的所有收购资金完全是通过发行债券获得。此次杠杆收购展现出来的强大能量，令企业界受到了强烈震撼。

◎ 模式4：战略联盟

战略联盟通常是由两个及以上的实力相对平等的企业建立的松散型网络组织，其目的是共同开辟新市场、分享科技、数据、人才资源等，成员共同签订合作协议，共担风险、共享收益。常见的战略联盟模式主要包括两种：

◆ **产品联盟**

在固定投资成本高昂、竞争格外惨烈的医药行业,产品联盟尤为常见。普通消费者对药品的质量、功能并不了解,购药时服用哪种药品、服药频率、剂量等几乎完全由医生或药师决定,如果药品研发企业不与经销商建立稳定的合作关系,则很容易被竞争对手赶出市场。所以,药品研发企业通常会与经销企业建立产品联盟,来应对竞争对手的激烈竞争。

在产品联盟关系中,维系成员之间的纽带往往是短期的经济收益,这也决定了这种合作关系并不稳定。产品联盟可以帮助企业提高产品销量,在短时间内快速完成价值变现,从而收回巨额投资。

◆ **知识联盟**

知识联盟的核心目标是为了促进成员之间相互学习科学技术、专业能力、管理经验、推动产品及服务创新等,它是一家企业得以实现快速发展的有效手段。知识联盟的特点主要包括以下三个方面:

(1) 成员之间的交流互动及业务合作更为深入、频繁。为了更好地相互学习专业能力、管理经验等,成员会有大量的机会前往其他企业参加培训。

(2) 知识联盟的成员来源十分广泛,除了产业链中的相关企业,高校组织、科研机构等也是知识联盟的重要参与者。

(3) 多家企业及组织联合起来组建的知识联盟具备强大的品牌势能,成员之间相互提供背书,这能帮助一家企业迅速提高自身的综合实力,在某一区域迅速抢占大量的市场份额。

◎ 模式5：合资控股

◆ 投资控股

这种模式是指由作为收购方的上市公司对被收购公司进行投资，并将其改组为旗下子公司。这种通过投资入股而取得被收购企业控制权的方式，能够帮助收购方上市公司以少量资本完成对其他企业的兼并重组。

国内首家中药制剂上市企业杭州天目山药业公司（以下简称天目山药业）是投资控股收购重组模式的典型代表。在发展初期，天目山药业首先通过投资入股的形式购入中外合资企业宝林印刷电路公司69%的股份，并将其重组为旗下子公司。后来又花费1530万元购入黄山制药总厂51%的股份，并将其重组为黄山市天目山药业有限责任公司。通过这两次兼并收购，天目山药业得以顺利度过初期发展阶段，并为后续的上市之路打下了坚实的基础。

投资控股收购重组模式的优势在于，上市公司能够通过投资的方式对自身的业务范围、市场份额等进一步扩张，有利于提升企业的融资能力，并且通过将收购方企业改组为子公司后，能够借助其现有的厂房、设备、人才等资源迅速生产产品或提供服务，从而为企业节约了大量的时间与精力。

当然，企业上市前的资本运作并不仅局限于上述几种，在具体实践中，企业也可以在符合法律法规的前提下借鉴海外上市公司的发展经验进行创新，但必须要确保投资人的权益不受损害。

◆ 合资控股

合资控股也称为注资入股，是指由并购方与目标企业共同出资组成

一个全新的法人单位。一般情况下，收购方企业主要提供技术、资金及管理方面的支持，并占据控股地位，被收购方则提供土地、设备、人才等方面的资源。

收购方并不会帮助被收购方承担负债，后者可以从新的合资企业利润中获取一定比例的分红来偿还债务。这种模式和合资十分类似，但由于收购方企业获取了被收购企业的控股权，所以可以看作一种相对特殊的并购模式。

青岛海信通过与由于经营问题无法偿还其债务的肥城电视机厂及山东电讯器材厂共同组建合资企业，并以超过1000万元的债务及设备、土地等资产作为收购成本，获取了合资企业55%的控制权，从而完成了对两家企业的收购。

该模式的优势主要包括以下三点：

（1）用少量资金即可控制较多的资本，从而降低收购成本。

（2）当被收购的企业是国有企业时，可以分配给被收购方企业原有股东一定比例的股权，而且合资企业仍向当地政府缴纳税收，从而获得政府方面的支持，促使合资企业迅速发展壮大。

（3）收购方企业拿出一定的资源与被收购方企业的良性资产联合成立合资企业，可以有效剥离被收购方企业的负债、劣质项目等不良资产。

合资控股式模式的劣势在于，这种仅收购资产但不收购企业的行为很容易招致被收购方企业员工及媒体的攻击，在社交媒体如此发达的年代，很容易让收购方企业遭受舆论压力，甚至给企业形象带来严重损害。

◆ 在香港注册后再合资模式

该模式的逻辑在于，在香港地区注册公司，然后将内地的资产并入新成立的香港公司中，从而为企业在香港或者海外地区上市提供强有力的支撑。对于那些由于经营问题而导致无法从内地银行获取贷款的企业而言，可以先在香港注册公司，然后将新成立的香港公司作为贷款主体，并将内地企业的资产作为抵押向香港地区的银行申请贷款，获得资金支持后将资金及内地公司的资产投入香港公司，当发展相对成熟后，再谋求境外上市。

这一模式的优势主要体现在以下三个方面：

（1）合资企业生产的产品及服务可以相对容易地进入内地或者海外市场，并形成具有较强影响力的品牌，进而获取更高的市场份额。

（2）香港公司具备的全球经营性质能带来诸多优势，例如，其注册地点位于海外地区，经营地点没有限制，企业既可以在国内市场进行商业活动，也可以在国外市场进行商业活动，在各地区开设分公司、办事处也不受限制。

（3）香港公司可以经营的业务范围十分广泛，如制造、房产、化工、代理、投资、进出口贸易等都不受限制。

◎ **模式6：债权转股权**

收购方帮助存在不良债务的企业偿还债务，从而获取后者一定比例的股权，如果该部分股权比例仍不符合收购预期，通常企业还需要进一步追加投资。

通过贷款及集资方式发展壮大的辽宁锦天化农业科技有限公司（以下简称锦天化），由于后期发展过程中经营策略出现问题，而导致企业陷入严重债务危机，但其也拥有一定的优质资源，如处于世界领先水平的农业生产设备。1995年，想要扩大规模的辽河化肥厂将其首要收购目标定为锦天化。

双方经过一段时间的谈判后，辽河集团与锦天化于1995年12月达成一致，由辽河化肥厂母公司辽河集团承担锦天化 6 亿元债务来换取后者的部分股权，并将其重组为有限责任公司。1997 年初，成功上市的辽通化工宣布全面收购锦天化，通过这一系列操作，辽通化工的资产得到大幅度提升，最终发展成为国内最大的尿素生产企业。

债权换股权模式的优势主要有以下两点：

（1）对于债权转股权模式中的收购方企业而言，能够将无法收回的债务转化为负债方企业的股权，来弥补自己的部分损失。

（2）对于被收购的负债方企业（通常是国有企业）来说，可以打破受制于投资体制的缺陷而使自身出现资金缺乏、负债率过高的发展困境。

在缺少资金的支持下，一些科技型的创业公司很难成功发展到上市阶段，而通过股权拆细的方式则能够有效解决这一问题，它的逻辑在于通过股权换取必要的发展资金。股权拆细模式在欧美国家十分普遍，包括跨国巨头微软在内的多家企业都在发展中长期采用这种模式：通过高科技技术吸引投资方支持，获得资金后，再通过推出产品及服务为企业及投资人带来高额回报。

第 17 章　企业IPO上市基本流程与操作指引

◎ 改制与设立股份公司

IPO（首次公开募股）是指企业或公司首次将其股份向公众出售，它有一套严格的流程与标准。通常来说，IPO步骤主要包括成立股份有限公司、上市辅导、制作材料、发行申报与审核、发行上市。

图 17-1　企业 IPO 的基本操作步骤

◆ 改制、设立方式

（1）新设设立。由 5 个以上发起人共同出资新设立一家股份公司。

（2）改制设立。企业对原有资产进行评估或确认后，将其作为原投资者投资设立股份公司。

（3）有限公司整体变更。将已有或者新成立的有限责任公司变更为股份公司。

◆ 改制与设立程序

（1）新设流程

★ 由发起人共同制定设立方案。

★ 发起人签署协议并制定公司章程。

★ 省级政府审核并批准。

★ 发起人认购并缴款。

★ 验资。

★ 召开创立大会。

★ 申请登记。

（2）改制设立流程

★ 确定改制方案。

★ 进行资产评估。

★ 发起人签署协议并制定公司章程。

★ 提交公司改制土地资产处置方案，并获得土地管理部门批准。

★ 省级政府审核并批准。

★ 发起人认购并缴款。

★ 财产转移。

★ 验资。

★ 召开创立大会。

★ 申请登记。

（3）有限公司整体变更流程

★ 向政府部门提交变更申请并获得批准。

★ 由专业人员进行审计。

★ 原股东作为发起人，将审计后的资产投入拟设立的股份公司。

★ 验资。

★ 制定公司章程。

★ 召开创立大会。

★ 变更登记。

◎ 上市辅导

上市辅导作为上市前的重要准备工作具有十分关键的作用，它是指证券经营机构对拟发行股票并上市的股份有限公司进行培训、指导及监督，包括以下几个方面的内容：

◆ 辅导程序

上市辅导流程包括：

（1）聘请符合条件的证券经营机构作为保荐机构。

（2）与保荐机构签署辅导协议，并前往证监会办理辅导备案登记手续。

（3）保荐机构对企业进行辅导。

（4）辅导机构指出企业存在的问题、提供整改方案，并监督企业整改。

（5）保荐机构对被辅导人员进行书面考试。

（6）向证监会提交辅导评估申请。

（7）证监会进行验收并出具监管报告。

（8）准备发行股票相关工作，并在辅导期满6个月后的10天内，在报纸上对接受辅导及准备发行股票相关工作进行公告。

◆ 辅导内容

（1）引导并监督董事、监事、高管、持股5%及以上的股东及法人代表学习法律法规，并参加相关培训活动。

（2）督促股份公司建立符合现代企业制度标准的管理体制机制。

（3）对股份公司的设立、改制、股权分配及转让、增资扩股、资产评估、验资等方面的合法性进行审核。

（4）督促股份公司独立经营，确保其资产、人员、财务、业务、机构的独立性与完整性，突出主营业务，在市场中形成较强的竞争力。

（5）督促股份公司按照有关标准明确与控股股东及其他利益主体的关系。

（6）督促股份公司建立健全内部决策控制制度。

（7）督促股份公司建立完善的财务会计管理体系。

（8）明确股份公司业务目标及未来发展计划，并制定有效的募股资金投资方向规划。

（9）评估股份公司是否满足发行上市标准，并指导其首次发行股票相关事宜。

◆ 上市辅导的主要程序

上市辅导的核心流程包括以下几点：

（1）聘请保荐机构。在选择保荐机构时，企业应该对其独立性、专业资格、推广资源、业务水平、资信状况等进行考核。当然，保荐机构还应该符合国家的相关规定。根据现行法律法规，当证券经营机构拥有股份公司超过7%的股份，或者持有股份达到企业股东持股比例前5时，不具备成为股份公司保荐机构的资格。

（2）保荐机构尽早介入。虽然根据规定企业改制成为股份公司后，上市辅导才正式开始，但改制成为股份公司在企业上市前的准备工作中扮演着十分关键的角色，所以，保荐机构应尽可能地在改制成为股份公司前，就参与到设计企业上市方案及改制重组流程中来。

（3）股份公司和保荐机构签署辅导协议，并前往证监会登记备案。企业正式改制为股份公司后，应该与保荐机构正式签署辅导协议，并在协议签订后的 5 个工作日内前往证监会派出机构办理相关手续。

（4）提交辅导工作备案报告。在辅导工作开始后的每 3 个月，保荐机构都需要向证监会提交辅导工作备案报告。

（5）保荐机构督促企业对现有问题整改。在对企业辅导过程中，保荐机构会指出企业存在的各种问题，并提供有效的整改方案，企业需要积极配合整改并接受保荐机构的监督。

（6）企业对拟发行股票的相关事宜进行公告。在辅导期满 6 个月后的 10 日内，企业要在当地 2 种及以上的主要报纸中连续 2 次以上发布公告，并接受公众监督。发布公告后，如果有个体或组织向证监会派出机构举报，后者会开展相关调查，此时，企业应该积极配合调查工作，避免上市后出现各种问题。

（7）保荐机构对被辅导人员进行书面考试。保荐机构在辅导期内需要组织对被辅导人员的书面考试，对成绩不合格人员加强指导并继续组织书面考试，直到所有参加考试的人员都成绩合格为止。

（8）提交辅导评估申请。在辅导协议期结束后，保荐机构需要对辅导工作进行总结评估，当企业完成辅导目标时，应该向证监会派出机构提交"辅导工作总结报告"，并申请辅导评估；当企业没有完成辅导目标时，可以向证监会派出机构申请延长辅导周期。

（9）辅导工作完成。证监会派出机构会在 20 个工作日内对辅导工作进行评估，如果评估结果是辅导工作合格，证监会派出机构将会向上级提交"辅导监管报告"，并提供辅导效果的评估意见，上市辅导正式完成；如果评估结果是辅导工作不合格，就会延长企业的辅导时间（延长时间不超过 6 个月）。

◆ **制作申报材料**

在制作申报材料并报批的过程中，发行人、保荐人及其他相关机构需要协同配合，充分展示发行人的经营优势，体现出其创造的价值，制作出有较高水平的申报材料。具体来看，作为保荐人的证券公司需要提供招股说明书；审计机构负责出具企业近 3 年财务审计报告；法律咨询机构则需要提供法律意见书以及律师工作报告。

◎ 发行申报与审核

◆ 是否达到发行条件

企业 IPO 上市首次公开募股应该满足以下条件：

（1）前一次新股募集已经完成，并且间隔超过 1 年。

（2）除了国有改制及有限变更，股份公司成立时间至少达到 3 年。

（3）最近 3 年内持续盈利。

（4）3 年内未出现重大违法行为，财务会计报告没有弄虚作假。

（5）预期利润率需要达到同期银行存款利率。

（6）发行前股本达到或超过拟发行股本的 35%，发行后总股本达到或超过 5000 万元。当企业向社会公开发行股份超过股份总数的 25%，且股本达到 4 亿元以上时，公开发行比例需要超过 15%。

（7）企业的生产经营活动满足国家相关规定。

（8）发行人最近 1 年末，不包括土地在内的无形资产在总资产中占据的比例应该在 20% 以下，而发行后的净资产在总资产中占据的比例需要达到 30% 以上。

（9）企业和控股股东及控股或全资企业之间不存在同业竞争。

（10）企业具备直接参与市场竞争的独立经营能力，在最近一年和最近一期的产品销售及原材料采购交易中，企业和控股股东及控股或全资企业之间的交易额，不能达到企业主营收入或外购原材料的 30% 以上。

（11）企业建立了完善的业务体系，拥有开展生产经营活动需要的资产，并且在最近一年和最近一期中，和控股股东及控股或全资企业进行租赁、承包、委托经营等类似方式，获得的收入占企业主营收入的30%以下。

（12）总经理、副总经理、财务负责人、董事长及其秘书在控股股东中不担任除了董事外的行政职务，而且不能在控股股东中领取薪酬。

（13）除了部分符合国务院要求的控股公司以及投资公司外，在企业最近一期的审计合并表中，企业累计投资额不能达到自身净资产的50%以上。

（14）独立董事在董事会中占比达到或超过1/3，而且独立董事中必须有专业会计人员。

（15）拟发行股票获得的资金有清晰而明确的用途，在经过一系列研究讨论的基础上制订投资计划，而且获得资金总额不能超过近一年未审计净资产的两倍。

◆ 为股票发行申请文件制作做好准备工作

（1）聘请符合条件的律师及会计师。

（2）在保荐机构的指导帮助下拟定初步发行方案。

（3）考核募资投资项目是否具有可行性。

（4）向环保部门提交测试申请，并获得证明文件。

（5）对公司近3年的所得税数据进行整理并制作成申报表，向税务局申请出具公司近3年是否存在违反税收法规的证明文件。

◆ 制作发行文件

发行文件包括以下内容：

（1）招股说明书及摘要。

（2）近3年的公司审计报告。

（3）发行方案及发行公告。

（4）由保荐机构向证监会提供的推荐公司发行股票的相关文件。

（5）保荐机构对公司申请发行的核查意见。

（6）保荐机构向证监局提交并备案的《股票发行上市辅导汇总报告》。

（7）律师提供的法律意见书及律师工作报告。

（8）公司申请发行股票报告。

（9）董事会获得公司发行股票处理相关工作授权的股东大会决议。

（10）发行股票方案及股东大会决议。

（11）针对需要立项的固定资产投资项目建议书，向有关部门申请审核后获得的批准文件。

（12）设立股份公司的相关文件等。

◆ 股票发行审核

股票发行审核需要遵循以下流程：

（1）发行部受理股票发行申请。需要注意的是，公司需要提供完整且符合规定的申报文件。

（2）初审。发行部对申报材料进行审核。

（3）发审委审核申报材料，审核团队由7名委员组成，采取记名投票方式，赞成票必须达到5票及以上才算通过。

（4）核准发行。自受理股票发行申请的3个月内给出审核结果。

◎ 发行与挂牌上市

◆ 发行

股票发行需要遵循以下流程：

(1）在中国证监会指定的信息披露报刊上刊登招股说明书摘要及发行公告。

(2）通过线上或线下渠道进行发行路演。

(3）投资者进行新股收购。公司通常会设置最低申购股数。

(4）证券交易所配给股票序列号。

(5）公布股票配号。

(6）主承销商组织摇号抽签。

(7）在指定媒体上公布中签结果。

(8）收取新股认购款。

(9）清算交割，资金划入主承销商账户。

(10）资金划入发行人指定账户。

(11）公司聘请符合条件的会计师事务所进行验资，并出具验资报告。

◆ 挂牌上市

公司挂牌上市时需要遵循以下流程：

(1）拟定股票代码及简称，并申请证券交易所核定。

(2）向证券交易所提供挂牌上市申请。

(3）证券交易所审查批准后，向发行人发送上市通知书。

(4）公司和证券交易所签署上市协议书。

(5）挂牌前3个工作日内，在中国证监会指定报刊上刊登上市公告书。

(6）挂牌交易（通常在发行股票后的7个交易日）。

第 18 章　上市公司的融资方式选择与策略

◎ 上市企业融资选择的影响因素

不同企业在发展过程中产生资金需求时，会采用不同的融资方式筹集所需资金。根据资金来源进行划分，企业的融资方式有内源融资与外源融资两种。所谓内源融资，即公司把往年经营活动中创造的留存收益与折旧资金用于后续发展；所谓外源融资，即公司从第三方获取资金，并用于自身的后续发展。根据融资过程的不同进行划分，企业的融资方式有直接融资与间接融资两种。所谓直接融资，即公司未经过金融机构，以直接方式筹集所需资金，具体形式包括首次公开募股、增发融资、配股融资为代表的股权融资及债权融资；所谓间接融资，即公司经过金融机构媒介进行资金筹集，多体现为银行贷款。

根据美国经济学家梅耶斯（Myers）和麦吉勒夫（Majluf）提出的新优序融资理论，公司在发展过程中产生资金需求后，首先会对内源融资情况进行评估，如果这种融资方式无法满足企业需求，就会选择外源融资。企业在进行外源融资的过程中，需要认识到股票发行的风险高于债务融资，如果债务融资无法满足企业需求，再通过股票发行方式融资。

立足于企业融资的相关概念及目前企业融资的具体情况来分析，影响企业融资方式选择的因素包括以下 5 点：

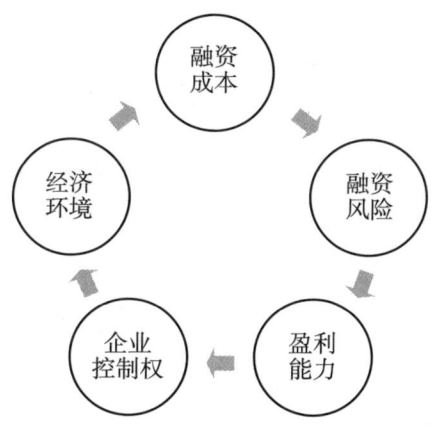

图 18－1　上市企业融资选择的影响因素

◆ **融资成本**

融资成本由融资费用和资金使用费用共同组成。面对不同的融资方式，上市公司在进行选择时，第一步要做的就是对各种方式的融资成本进行评估。企业在融资过程中消耗的费用，与其融资收益直接挂钩。在成熟的市场环境下，企业的融资方式选择通常取决于融资成本，如果成本过高，公司很可能放弃融资。若搁置税收因素，企业依靠自身力量进行融资，则不会产生具体的费用消耗，这里的融资成本也就成为替代性成本，也就是说，内源融资的成本远远低于外源融资。

债务融资的融资成本由利息与融资费用两部分组成。其中，利息能够在税前进行扣除，可以减少企业税负，增加企业的融资收益。股权融资的融资成本由股息支付成本与股票发行成本共同组成。股息无法在税前进行支付，而股票发行的成本消耗也不低，不仅如此，因为股东比债权人承担的风险更大，因而在投资回报率方面的要求也更高。所以，在融资成本方面，成本费用最低的是内源融资成本，其次是债务融资成本，最高的则是股权融资成本，与新优序融资理论相一致。

◆ 融资风险

在选择融资方式时，融资风险是上市公司必须考虑的重要因素。选择内源融资方式的企业无须进行费用支付，也就不用承担风险；选择股权融资方式的企业，可以在存续期内按照自身发展所需对股权性资本进行配置，公司无须返还本金，能够有效提升其资本竞争力，以便于公司进行资金筹集，另外，在股利方面对企业未设定严格要求，如果企业经营状况不佳，可以选择不发放股利。由此可见，这种融资方式的风险也不大；选择债权融资方式的企业，需要遵照相关法律的规定，即便公司经营状况不佳，也要在既定时间返还本金并发放利息，这给企业带来一定的资本压力，不仅如此，企业承担的融资风险与融资期限直接相关，期限越短，其承担的风险越高。另外，如果企业的税前利润下降，受财务费用的影响，其股票收益会大幅下跌，使企业面临严峻挑战。所以，融资风险最低的是内源融资，其次是股权融资，风险最高的是债权融资。

◆ 盈利能力

当上市公司的债务利息率低于其总资产报酬率时，公司的债务融资规模越大，其整体净利润与平均净资产的比率（净资产收益率）就越高，对企业发展的推动作用就越大。所以，在企业发展过程中，如果其盈利呈上升发展趋势，则可以通过扩大债务融资规模来增加企业的收益，如果企业盈利呈下降趋势，则应该缩减债务工资规模，降低企业承担的风险。

◆ 企业控制权

在选择融资方式时，上市公司需要清楚，股权融资方式会导致公司股权被稀释，降低股东对公司的控制能力。相比之下，如果企业选择债务融资方式，债权人不会干涉公司的管理，股东的控制能力也不会降低。所以，在企业控制权方面，应该优先考虑债务融资。

◆ 经济环境

所谓经济环境，即企业投身于财务活动时所处的总体经济发展形势，如果总体经济环境良好，企业应该扩大债务性融资规模，从而增加自身收益；如果经济发展萎靡，企业则需缩减债务性融资规模，更多地采用股权性融资，避免企业发展陷入困境。

◎ 国外上市企业的融资方式选择

分析国外企业的融资方式可以发现，现阶段，国外企业的融资模式主要包括两类：一类是证券市场导向型的融资模式，如英国、美国；另一类是银行主导的融资模式，如德国、日本。

◆ 日本、德国企业融资方式选择

在金融体制上，日本采用主银行制度，因此，银行贷款在日本企业的融资中占据很大的比例。日本的每家实力型企业都与某家银行达成合作关系，而且，两者之间通常维持长的时间合作关系，除非有特殊情况影响两者之间的合作。日本企业的主银行为合作企业提供贷款支持，并作为企业的头号股东，介入企业经营与管理，为企业的债券发行提供便利，在企业经营状况不佳时负责为企业运营提供帮助。

在融资模式上，德国与日本的企业存在许多共性，多数德国企业会选择银行贷款或通过自身力量筹集资金。德国采用全能银行制度，银行在与企业进行长期合作的同时，还会向企业开放各类金融项目，如不动

产交易、证券投资等,体现自身服务的完善性。也就是说,只要企业产生资金需求,主银行就会提供相应的服务来满足其需求。

◆ **英国、美国企业融资方式选择**

在选择融资方式时,梅耶斯提出的"啄食顺序原则"适用于美国企业,也就是说,面对不同的融资方式,美国企业会优先考虑内源融资,其次是债务融资,最后是股权融资。美国企业之所以优先选择债权性融资,原因在于:在美国,商业银行无法成为企业的股票持有人,也不能参与股票交易,而且超过7年的贷款不能通过银行获得,因此,通过证券市场融资是企业获得长期资本的唯一渠道。另外,根据美国税法,所得税需要在公司发放股息之前扣除,但采用债权融资方式的企业,无须在发放债息前扣税,所以,在美国,65%以上的长期资本来源于债权融资方式。

如今,英国、美国的资本市场已经发展成熟,市场在很大程度上影响着公司的融资方式选择,在顺序上,企业会首先考虑内源融资,其次是债务融资,最后是股权融资。

◎ 国内上市公司股权融资的影响

不同于美国、英国的融资方式选择,在股权融资与银行贷款融资两种模式之间,国内企业更倾向于选择前者。即使企业的经营效益不佳,也会通过股权融资方式来筹集资金,这种趋势导致众多上市公司纷纷进行股票增发,或者向原股东发行新股。那么,这种融资方式选择对公司本身及资本市场具有哪些影响呢?

◆ 对企业持续发展的影响

从企业长远发展的角度来分析，适度负债是十分必要的。负债既能有效降低公司的税收负担，降低企业的财务风险，又能通过破产机制对企业经理进行监管，避免企业出现内部腐败现象，进而降低企业的成本消耗，为企业的发展保驾护航。另外，负债说明企业本身的资产运营处于正常状态，能够减少企业的融资成本，突显企业的市场竞争力。

但是，国内企业更倾向于通过股权融资方式筹集资金，导致公司难以通过债务融资方式降低企业税负，无法发挥债务融资对企业发展的推动作用，使企业在经营发展过程中面临较大风险。不仅如此，盲目采用股权融资方式，导致股东对企业的控制权下降，而且股权融资方式不要求企业偿还本金，融资成本也不高，使企业无法实现资金的优化配置。不考虑股息因素，尽管股权融资方式在成本方面比债务融资更具优势，但立足于长远发展角度来分析，若投资者得不到报酬，就会给企业的长远发展带来阻力。由此可以看出，国内企业更倾向于选择股权融资的方式，容易使企业在未来发展过程中出现问题。

◆ 对股票市场健康发展的影响

证券市场的运营价值主要体现在，能够为企业的发展提供所需资金，并发挥市场调节作用，提高资源利用率。然而，国内许多企业觊觎股权融资的成本优势，在融资过程中逐步降低股东对公司的控制能力，以貌似合法的手段，通过股市"圈钱"。在这种情况下，上司公司通过股权融资，以低成本乃至零成本方式得到大量资本，却没有实现资金的优化利用，降低了证券市场对资源配置的调控能力。此外，无序的融资及资金浪费，使越来越多的投资者对证券市场的运营丧失信心，导致公司股票大幅下跌，给公司信誉带来不利影响，不利于资本市场的健康发展。

◎ 国内上市公司股权融资的启示

市场发育是否成熟、总体经济形势等因素都会影响企业对融资方式的选择，国内上市公司应该充分了解自身发展情况，并积极学习发达国家的经验，在众多融资方式中进行理性抉择。

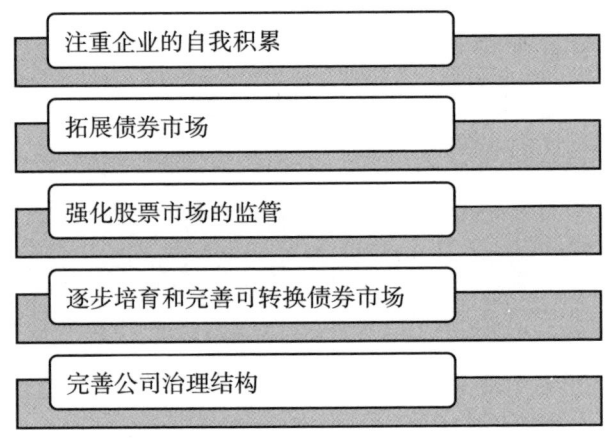

图 18-2　国内上市公司股权融资的启示

◆ 注重企业的自我积累

上市公司需要注重自身的积累，使内源融资与外源融资方式能够相互补充，共同促进企业发展。企业进行自身积累，要做到如下几点：

（1）增强企业的独立生存能力，为上市公司的内部积累打下良好的基础。为了增强独立生存能力，企业既要优化自身的管理模式，扩大自身的利润空间，突显企业的竞争优势，使企业能够在市场上获得健康、稳定的发展，又要实现公司治理的优化。

（2）通过机制建设实现企业的自我积累，为此，企业需要对原有产权制度实施改革，在公司利益主体与产权拥有者之间划出清晰的界限。

（3）政府相关部门需要针对企业的财务管理、税收等建立完善的制度，降低企业的税负，促进企业资金的优化利用，促使企业在发展过程中不断增加收益，逐步壮大资产规模，实现更加长远的发展。

◆ **拓展债券市场**

债券市场与股票市场共同组成了资本市场，其中，债权市场的作用是为企业进行债券融资与债券交易提供平台，股票市场则为企业的股权融资与股权交易提供平台。债券市场与股票市场都是资本市场不可缺少的一部分。如今，英、美等发达国家的市场已经发展成熟，而国内股权融资的比重过高，导致债券市场难以在资源配置方面发挥调控作用。

多数企业选择股权融资方式，既会影响资本市场的健康发展，也会给国民经济的发展带来阻力。要提高直接融资的比重，就要促进债券市场的发展。所以，国家相关部门应该着力拓展债券市场，为债券发行提供机制保障，对发行主体的行为进行规范，解决公司在债券发行过程中的问题，另外，要丰富债券交易类型，加快市场整体运营，还要出台与企业债券管理相关的法律文件及政策规范，确保信用评级机构的有序运营。

◆ **强化股票市场的监管**

2010—2011年，新股发行密集，与此同时，多家银行进行天量再融资，许多上市公司将资本市场视为"圈钱"的渠道。随之而来的是投资者对上市公司的不满，对资本市场认可度的降低，最终导致股票价格大幅下跌。要提高股市发展的有序性，就要采取有效措施保护投资者的合法权益，提高市场的透明度，并提高监管部门的管理能力。为此，监管部门应该利用法律手段，加强对股票市场的监管，发挥市场的调控作用，促进资源的优化配置，帮助企业解决在收益分配、资金使用过程中出现的各类问题，避免投资者的利益受损。

◆ **逐步培育和完善可转换债券市场**

可转换债券依托公司债券，能够在一定的时间范围内，以特定条件将债权转换成债券发行公司的股票。从根本上来说，可转换债券是指公司在发行债券的同时，为债券持有者提供一份期权。因此，也可以将可转换债券理解为普通债券与买方期权的一体化形式。可转换债券的发行及交易，能够使债券类型更加多样化，增加上市公司的融资渠道，促进债券市场的良性发展。

可转换债券的期限为1～6年，国内实力雄厚的国有企业，可以通过发行可转换债券进行筹资，使企业摆脱单一融资方式的局限性。西方发达国家发行可转换债券的时间较早，相比之下，国内可转换债券的市场仍有待拓展。针对这种情况，如果公司本身拥有足够的实力基础，则可以尝试在美国、欧洲等海外市场发行可转换债券，通过这种方式满足自身的资金需求，并与国际市场接轨。

◆ **完善公司治理结构**

企业的融资方式选择与公司治理结构紧密相关。国有企业在国内上市公司中占据较大比例，这类公司多采用二元制股权结构，更倾向于选择股权融资方式。公司的股票类型可分为流通股与非流通股两种，流通股能够在股市进行自由交易，非流通股则相反。其中，非流通股股东掌握着公司的控制权，即便二级市场的股价降低，也不会直接动摇大股东的权益，他们能够以高于每股净资产的配股价或增发价实施融资，并拓宽自身利润空间。

在融资过程中，若采用股权融资方式，非流通股股东可降低成本支出，导致上市公司更倾向于选择股权融资方式。要对公司治理结构进行良性改革，就要完善其股权结构，降低国家股在企业总股本中的比重，另外，还要提高机构投资者在企业管理中的参与度，对传统模式下国家股占据较大比例却难以有效推动企业发展的局面进行改革，从整体上提高企业的竞争力。